HANNI RÜTZLERS

FOODREPORT 2020

SEITE **4**

Porträt

SEITE **6**

Intro

SEITE **10**

Trends in Transition

SEITE **22**

***Snackification –
Das Ende der Mahlzeiten
(wie wir sie kennen)***

SEITE **40**

Wie Kunst und Design den Blick auf unser Essen verändern

SEITE **60**

Die Zukunft unserer Nahrungsmittelversorgung liegt in der Stadt

SEITE **90**

Die Zukunft der Lebensmittelverpackung

HANNI RÜTZLER

Anfang April dieses Jahres war Hanni Rützler das Cover-Model des vierteljährlich erscheinenden Magazins Plan W der Süddeutschen Zeitung. Auf die Titelseite der Beilage, die regelmäßig die weibliche Perspektive auf die Wirtschaft zeigt, schaffte es die renommierte Food-Expertin Hanni Rützler vor allem deshalb, weil sie ein Role-Model ist. Ein Vorbild für jene Entwicklung, die der Untertitel des Magazins auf den Punkt bringt: „Frauen verändern Wirtschaft". Genau das gilt für die Autorin des Food Reports.

Seit gut 25 Jahren erforscht Hanni Rützler Gegenwart und Zukunft unserer Esskultur und inspiriert damit Akteurinnen und Akteure aus der gesamten Food & Beverage-Branche. Mit ihren zahlreichen Vorträgen und Publikationen spürt sie dem Wandel der Konsumkultur nach und versteht es, nachhaltige Food-Trends von kurzfristigen Moden und Medien-Hypes zu unterscheiden. Denn nicht jede neue Zutat und nicht jede neue Verpackung sind gleich ein Food-Trend. Umgekehrt aber gilt, wie das deutsche Wirtschaftsmagazin brand eins konzediert: „Was in Rützlers Foodreport steht, dafür rüsten sich Lebensmittelhersteller, Kochzeitschriften und Gastronomen" (Vicari 2018).

Die Fotos rechts stammen übrigens vom Shooting für das Magazin Plan W. Weitere Fotos, die David Payr bei dieser Gelegenheit gemacht hat, sehen Sie auf Hanni Rützlers brandneuer Webseite: *futurefoodstudio.at*. Dort finden Sie in Zukunft auch aktuelle Updates zu den im Food Report beschriebenen Trends, Branchen-Insights und Themenschwerpunkten.

Fotos: David Payr für Plan W

INTRO

Der Mensch ist, was er isst." Schon dem Philosophen Ludwig Feuerbach war es vor mehr als anderthalb Jahrhunderten klar, dass Essen weitaus mehr bedeutet als nur die reine Nahrungsaufnahme. Inzwischen ist der Mensch auch immer mehr das, was er aus Überzeugung nicht isst, betont Hanni Rützler. Wir können frei entscheiden, was wir essen. Und wir entscheiden zunehmend bewusster und gezielter, wann wir wo mit wem was essen. Diese Wahlfreiheit differenziert unsere Esskultur immens aus. Hierbei gibt es kein gesellschaftliches Richtig oder Falsch mehr, jeder Einzelne entscheidet über seine kulinarischen Vorlieben selbst. Hanni Rützler nimmt die Leser in ihrem diesjährigen Food Report 2020 mit auf einen horizonterweiternden Rundflug über die aktuellen Entwicklungen im Food-Bereich und eröffnet den Blick auf den Wandel unserer Esskultur.

„Wenn sich die Frage der Identität an unseren Essgewohnheiten klären lässt, bedeutet das schlichtweg, dass unsere Wirklichkeit vor uns auf dem Teller liegt. „Sag mir, was du isst, und ich sag dir, wer du bist." Reden wir übers Essen, sprechen wir somit von uns selbst; ohne in Bedrängnis zu kommen, uns auf die psychologische Couch zu begeben. Die Erkenntnis, dass unser Essen stark mit unserer Vorstellung von uns selbst verknüpft ist – von unseren Werten, Gewohnheiten, unserer Persönlichkeit und unseren Prioritäten –, birgt ein immenses Versprechen für das Nachdenken über Zukunft. Food-Trends sind die sichtbaren Phänomene für tiefer liegende Identitätsverschiebungen in der Gesellschaft. Wer sie richtig lesen lernt, versteht damit die Codes des Zukünftigen."

Harry Gatterer
Geschäftsführer Zukunftsinstitut

Food als Kitt der globalen Gesellschaft

Neben den Freiheiten, die uns diese Ausdifferenzierung der Esskultur bietet, entsteht zugleich auch ein „Esskult". Denn indem wir die Qual der Wahl haben, werden in unseren Ess-Entscheidungen persönliche Überzeugungen kultiviert. Wir wissen ganz genau, warum wir etwas essen und warum wir etwas nicht essen, und tragen dies auch als persönliches Statement nach außen. Zugleich sucht sich der Mensch als soziales Wesen wiederum Gleichgesinnte, die ähnliche Werte rund um das Thema Food vertreten und leben. Essen bringt Mensch zusammen – daran hat sich über die Jahrhunderte grundsätzlich nichts geändert. Heute kommen wir immer häufiger zusammen, um uns über Essen auszutauschen. Food ist in unserer Zeit ein mächtiges Kommunikationsmittel geworden – es kann designt und inszeniert werden, es kann appetitanregend sein und mit ihm kann Kritik geübt werden. Eat Artists und Food-Designer zeigen auf spielerische Art und Weise auf, wie die Zukunft unserer Ernährung aussehen könnte – manchmal augenzwinkernd, manchmal ästhetisch stilisiert, doch immer mit dem Ziel, Bewusstsein zu schaffen und Veränderungen zu erzeugen.

Flexibler Alltag verändert die Essgewohnheiten

Nahrung ist fundamentaler Bestandteil menschlichen Lebens, sie ist Teil unseres Alltags, unseres Körpers. Gerade deshalb geht uns vieles, was rund um Food passiert, so nahe. Und Essen ist ein wichtiges Element der menschlichen Kultur – und als solches erscheinen uns viele Werte, Sitten, Strukturen, Rituale etc. als selbstverständlich, auch wenn sie sich permanent verändern: Wer hätte beispielsweise noch zur Jahrtausendwende gedacht, dass Gemüse dem Fleisch auf dem Teller den Rang ablaufen wird? Oder dass Gesundheit solch eine wichtige Rolle spielen wird, dass nun auch Fertiggerichte aus natürlichen Zutaten bestehen? Convenience ist wichtig, doch zugleich muss, was schnell geht und „on the go" verzehrt wird, inzwischen auch gesund sein. Denn Snacks verdrängen die traditionelle Speisenfolge: Die Dreieinigkeit von Vorspeise, Hauptgang und Dessert wird mehr und mehr aufgelöst. Nicht mehr die Essenszeiten strukturieren unseren Alltag, sondern wir passen andersherum unsere Essgewohnheiten und -strukturen dem mobilen und flexiblen Leben an.

Wandel der Lebensmittelproduktion

Technologische Entwicklungen bescheren uns nicht nur neue Lebensmittel, sondern ermöglichen es zudem, städtische Landwirtschaft zu betreiben. Wer wollte in den 1990er-Jahren Obst und Gemüse aus den Metropolen dieser Welt essen? Heute dagegen werden im städtischen Raum Lebensmittel produziert, die sogar Bio-Qualität aufweisen. Urbanität wird zum Mindset und Urban Food meint als Trend nicht nur die Lebensmittel als Produkte, sondern auch die experimentierfreudige und kreative Bewegung, die hinter der städtischen Lebensmittelversorgung steht und die Neues vehement vorantreibt. Vor allem bei Urban Food dient Technologie als Mittel zum Zweck, um die Ernährungswelt ein Stück weit besser zu machen. In wenigen Jahren ist es sogar denkbar, dass Fleisch und Fisch synthetisch aus Zellkulturen in urbanen Produktionsstätten hergestellt werden und somit tierische Produkte auf kleinstem Raum erzeugt werden können.

„Alles, was zu komplex wird, verschwindet vom Markt. Alles, was den Prinzipien der Einfachheit folgt, bleibt bestehen beziehungsweise kann sich neu etablieren. Im Mindset der Verbraucher. Und damit in den Regalen des Lebensmittelhandels und im Angebot erfolgreicher Gastronomen. Kommunikation ist dabei unerlässlich – auch die Fachkommunikation, um so das Mindset der Entscheider im Handel und in der Gastronomie nachhaltig zu besetzen. Viel Freude beim Lesen unseres Food Report 2020."

Klaus Mehler
Verlagsleiter LZ Medien

FOOD-TRENDS

Trends in Transition: Von Food-Trends zum Wandel unserer Esskultur
Trends sind nicht statisch, sondern verändern sich permanent. Manche von ihnen sind nur temporäre Erscheinungen, viele von ihnen entwickeln sich weiter, verschmelzen mit anderen Trends oder gehen letztendlich in den Mainstream über. Sie sind die Treiber für die Veränderung unserer globalen Esskultur.

THEMENSCHWERPUNKT

Urban Food: Die Zukunft unserer Nahrungsmittelversorgung liegt in der Stadt
Neue Technologien ermöglichen nicht nur neue Nahrungsmittel, sondern auch die Rückkehr der Landwirtschaft in den urbanen Raum. Urban Food steht für ein neues Bewusstsein und für eine neue Bewegung, die Alternativen zum traditionellen Ernährungssystem vorantreiben möchte. Produktion, Verarbeitung und Konsum rücken wieder näher zusammen.

BRANCHEN-INSIGHT

Gastro: Snackification – Das Ende der Mahlzeiten (wie wir sie kennen)
Snacking wird zu einer neuen Art zu essen. Mini-Mahlzeiten ersetzen mehr und mehr traditionelle Mahlzeiten. Dabei kann jede Art von Speise zu einer Mini-Mahlzeit werden. Neuartige Gastro-Konzepte rund ums gesunde und hochwertige Snacking entstehen und erreichen auch klassische Restaurants und Handelsunternehmen.

THEMENSCHWERPUNKT

Beyond Plastic: Die Zukunft der Lebensmittelverpackung
Das globale Plastikproblem lässt sich nicht mehr leugnen und stellt die Food-Branche vor immense Herausforderungen, alternative Lösungen für Kunststoffverpackungen zu finden. Zugleich sorgen innovative Start-ups für frischen Wind und dynamisieren den Markt durch die Entwicklung von nachhaltigen Verpackungen bis hin zu verpackungsfreien Systemen.

THEMENSCHWERPUNKT

Eating Art: Wie Kunst und Design den Blick auf unser Essen verändern
Künstler und Designer nutzen Food als Kommunikationsmittel, um einen Beitrag zu leisten, unsere Esskultur mitzugestalten und die Lebensmittelproduktion zu verändern. Dabei werden nicht nur wichtige Denkanstöße geliefert, sondern auch kreative Lösungen entwickelt.

FOOD TRENDS

Foto: andres chaparro, pexels.com

Trends in Transition – Von Food-Trends zum Wandel der Esskultur

Esskulturen haben sich immer schon gewandelt. Klimatische, soziale, kulturelle, ökonomische, technologische und politische Faktoren waren und sind dafür ausschlaggebend. Aber erst seit der Wende zum 21. Jahrhundert beschreiben wir diesen Wandel mithilfe von Food-Trends. Der Grund dafür: Die Esskulturen verändern sich aktuell derart radikal und differenzieren sich aus, wie dies in keiner Epoche zuvor der Fall war. Einer immer größeren Zahl von Menschen ist heute möglich, über ihr Essen und die Wahl ihrer Lebensmittel befreit von Mangel, Traditionen und sozialen Normen selbst zu entscheiden.

Foto: andres chaparro, pexels.com

Der Wandel der Esskultur ist dabei eine Ausprägung eines rastlosen, sich selbst antreibenden gesellschaftlichen und technologischen Wandels, den Volker H. Schmidt, Soziologieprofessor an der National University of Singapore, als „Durchbruch der globalen Moderne“ beschreibt: Diese Veränderungen betreffen nicht nur einzelne Regionen oder Nationalstaaten, sondern sind weltumspannende Phänomene (vgl. Schmidt 2013). Im Blog der Deutschen Gesellschaft für Soziologie zeigt Schmidt anhand eindrücklicher ökonomischer Kennzahlen die Größenordnung und Tragweite der globalen Moderne: „So ist beispielsweise der Wert des globalen Sozialprodukts zwischen 1820 und 1985 um 22 Billionen US-$ gestiegen, in den darauf folgenden 25 Jahren aber um sage und schreibe 30 Billionen. Auch die durchschnittlichen Pro-Kopf-Einkommen sind in dieser Phase rapider gewachsen als je zuvor“ (Schmidt 2012).

Food-Trends – Phänomene der Wohlstandsgesellschaften

Zumindest bis zur Finanzkrise 2008 ist das starke Wachstum des Pro-Kopf-Einkommens vor allem der globalen Mittelschicht zugutegekommen, zu der nach aktuellen Schätzungen von Ökonomen der Brookings Institution 3,59 Milliarden Menschen oder knapp die Hälfte der Weltbevölkerung zählen (Kharas/Hamel 2018). Selbst bei deutlich konservativeren Schätzungen kommt man auf eine Zahl, die zumindest doppelt so groß ist wie die der gesamten Weltbevölkerung zu Beginn der Industrialisierung. Über die Hälfte der zur Mittelschicht zählenden Menschen sind zudem – vor allem in Asien und Lateinamerika – erst nach 1990 in die Consumer Class, wie die Mittelschicht auch genannt wird, aufgestiegen. Consumer Class deshalb, weil sie im Unterschied zu den Global Poor über die Verwendung ihres Einkommens weitgehend frei entscheiden kann (vgl. Schmidt 2012). Auch und vor allem bei den Ausgaben für Ernährung: beim Kauf von Lebensmitteln, Getränken und bei der Wahl von Restaurants und Gaststätten.

Erst diese Wahl- und Entscheidungsfreiheit und die nahezu unendliche Verfügbarkeit an Nahrungsmitteln und gastronomischen Angeboten erlaubt eine Ausdifferenzierung und beschleunigt zugleich den dynamischen Wandel unserer Esskulturen und Ernährungsstile, die wir mithilfe von Food-Trends zu beschreiben versuchen. Food-Trends sind somit Phänomene sogenannter „Wohlstandsgesellschaften“: Sie gedeihen erst in gesättigten Märkten, in denen weder Mangel noch sozial normiertes Verhalten bestimmend sind, sondern der Überfluss individuelle Suchbewegungen auslöst. Diese Suchbewegungen dienen der Orientierung im unübersichtlichen Angebot, der Lösung alltäglicher Essprobleme und der Befriedigung von kulinarischen und sozialen Bedürfnissen und Sehnsüchten.

Megatrends – Globale Strukturmuster der Moderne

Zur Erfassung des gesamten, weltweiten sozialen Wandels und um der Komplexität des globalen Wandlungsgeschehens gerecht zu werden, bietet sich das „Konzept der globalen Moderne“ an. Es erlaubt, „universelle Entwicklungstrends und Konstanten der Modernisierung“ zu benennen, „die sich überall abzeichnen, wo moderne Arrangements vormoderne Strukturmuster ablösen, und sie sollten umso stärker zur Geltung kommen, je mehr Modernes sich in den Vordergrund schiebt. Globale Moderne hieße dann, dass die Transition zur Modernität so weit vorangeschritten ist, dass moderne Strukturmuster der ganzen Welt unausweichlich ihren Stempel aufdrücken“ (Schmidt 2012).

Megatrends mit besonderem Impact auf unser Essverhalten

Konnektivität: Das Prinzip der Vernetzung dominiert den gesellschaftlichen Wandel und eröffnet ein neues Kapitel in der Evolution der Gesellschaft.

Urbanisierung: Städte werden zu den mächtigsten Akteuren und wichtigsten Problemlösern einer globalisierten Welt. Urbanität erzeugt eine neue Lebens- und Denkweise.

New Work beschreibt einen epochalen Umbruch, der mit der Sinnfrage beginnt und die Arbeitswelt von Grund auf umformt. Der Megatrend signalisiert das Ende der rationalen, nur auf Arbeit fokussierten Leistungsgesellschaft.

Gesundheit ist das Synonym für ein gutes Leben, das sich tief ins Bewusstsein, die Kultur und das Selbstverständnis von Gesellschaften eingeschrieben hat und sämtliche Lebensbereiche prägt.

Gender Shift: Geschlecht verliert das Schicksalhafte, die Zielgruppe an Verbindlichkeit. Der Trend veränderter Rollenmuster und aufbrechender Geschlechterstereotypen sorgt für einen radikalen Wandel in Wirtschaft und Gesellschaft.

Individualisierung ist das zentrale Kulturprinzip der westlichen Welt und entfaltet seine Wirkungsmacht zunehmend global. Der Megatrend berührt Wertesysteme, Konsummuster und Alltagskultur gleichermaßen.

Neo-Ökologie: Der Megatrend sorgt nicht nur für eine Neuausrichtung der Werte der globalen Gesellschaft, der Kultur und Politik. Er verändert unternehmerisches Denken und Handeln in seinen elementaren Grundfesten.

(Quelle: Zukunftsinstitut 2018a)

Diese Strukturmuster wiederum lassen sich am besten mit dem – in Anlehnung an John Naisbitt – vom Zukunftsinstitut erarbeiteten Modell der Megatrends beschreiben. Als Entwicklungskonstanten der globalen Gesellschaft umfassen Megatrends mehrere Jahrzehnte. Sie wirken in jedem einzelnen Menschen und umfassen alle Ebenen der Gesellschaft: Wirtschaft und Politik sowie Wissenschaft, Technik und Kultur. Dieses laufend neu kalibrierte Modell hat sich bewährt, um den gesellschaftlichen Wandel begreifbar zu machen und die Zukunft als „Gestaltungsraum" zu verstehen. An der Ausrichtung und Verwirklichung dieses Gestaltungsraums sind alle gesellschaftlichen Kräfte – im konkreten Zusammenhang insbesondere: Konsumenten, Lebensmittelproduzenten und Handel, Gastronomie und Umweltorganisationen, Landwirtschafts- und Gesundheitspolitik – involviert. Der Blick auf die Megatrends ermöglicht es, die Tiefenströmungen des Wandels wahrzunehmen und zu erfassen. Zudem verdeutlichen sie die Auswirkungen dieses Wandels auf unseren Alltag und damit natürlich auch auf unser Essen und unsere Ernährung, die wir häufig nicht hinreichend zur Kenntnis nehmen.

Im Essen spiegelt sich der gesellschaftliche Wandel

Denn wie der französische Soziologe Marcel Mauss bereits vor einem knappen Jahrhundert schrieb, ist Essen ein Totalphänomen, das bis zur Unkenntlichkeit mit der Gesellschaft verwoben ist. Das bedeutet, dass sich alle

Aspekte des gesellschaftlichen Lebens auch in unserem Essen spiegeln – Mauss nennt dies „soziale Totalität" (Mauss 1968, S.17/18). Unser kulinarisches Handeln hängt mit allen anderen Lebensbereichen zusammen, dessen Wandel kann daher heute am besten unter Rückgriff auf relevante Megatrends analysiert werden. Anders gesagt: Food-Trends können auch als „esskulturelle Derivate" von Megatrends gelesen werden, die „Antworten" auf zahlreiche, durch den gesellschaftlichen Wandel ausgelöste Probleme und Bedürfnisse in unserem Essalltag offerieren.

So verstanden wird klar, warum sich Food-Trends und deren weitere Entwicklung nicht einfach mit klassischen Instrumenten der Marktforschung und auf Basis von Konsumstatistiken voraussagen lassen. Diese sind zwar hilfreich, aber nicht ausreichend, um plausible Aussagen über zukünftige Trends bzw. relevante Trend-Transformationen zu machen, aus denen erfolgreiche Produkt- und Service-Innovationen entstehen können. So treibt etwa der Megatrend Konnektivität den Austausch zwischen Konsumenten, aber auch zwischen Konsumenten, Produzenten und Handel voran, der zu Co-Creation-Prozessen führt. Hierbei werden gemeinsam Produkte und Services (weiter-)entwickelt, die nicht nur abfragbare Konsumbedürfnisse befriedigen, sondern auch neue, alltagstaugliche Esslösungen offerieren (wie wir sie z.B. im Kapitel „Snackification", S. 22, beschreiben). Zudem führen solche Co-Creation-Prozesse zu – mitunter überraschenden – Lösungen für Probleme, die nicht allein aus der Logik von Lebensmittelproduzenten und Retail-Unternehmen erwachsen: Etwa zu müllreduzierenden Alternativen zu (herkömmlichen) Lebensmittelverpackungen, wie sie im Kapitel „Beyond Plastic" (S. 90) aufgezeigt werden.

Die Kunst der Beobachtung

Die Keime vieler Entwicklungen lassen sich mit quantitativen Methoden kaum festmachen. Daher gewinnt in der Trendforschung ein oft vernachlässigtes wissenschaftliches Instrument an Bedeutung: die Kunst der Beobachtung, d.h. der aufmerksame und zugleich kritische Blick auf Produktinnovationen sowie auf neue Service-Angebote, die mitunter auch jenseits der Food & Beverage-Branche entstehen. Denn für Zukunftskonzepte ist die Identifikation von Avantgarden und Early Adoptern ebenso wichtig wie das Beobachten des Mainstreams. Kurz: Die Kunst der Beobachtung ist das Instrument, mit dem sich die Welt erkunden lässt, bevor sie mit klassischen empirischen Methoden kartiert werden kann. Freilich müssen die aufmerksam beobachteten Keime in einem tiefen Verständnis des großen gesellschaftlichen Wandels verortet werden, um sie von kurzfristigen Modeerscheinungen unterscheiden zu können. D.h. es wird sowohl ein präziser Blick auf Details als auch ein großer Blick auf die mit den Megatrends zu beschreibenden Tiefenströmungen benötigt.

So macht der Megatrend Individualisierung verständlich, warum etwas, was zuvor selbstverständlich war, weil es durch Traditionen, soziale und/oder religiöse Normen sowie ökonomische Zwänge und/oder ein knappes Warenangebot vorgegeben war, nun der Selbstbestimmung des Einzelnen offensteht.

Essen eignet sich in Zeiten des Lebensmittelüberflusses und disponibler Einkommen einerseits zur sozialen Differenzierung, als Medium eines selbstgewählten Lebensstils und als Ausdruck der eigenen Identität. Andererseits zieht die Wahlfreiheit aber permanent Entscheidungszwänge nach sich. Food-Trends können hier Orientierung bieten und wichtige Entscheidungshilfen sein. Sie ermöglichen es, wie es der Konsumsoziologe Thomas Schröder treffend formuliert, „dem Einzelnen, durch die komplexe Alltagswelt voller Wahlfreiheiten und Entscheidungszwänge zu navigieren" (Schröder 2016). Food-Trends sammeln entweder unterschiedliche „Werthaltungen" auf und bündeln sie (wie etwa nachhaltig, fair, ökologisch, vegan, gesund, hedonistisch) oder stehen für pragmatische Zugänge (schnell, billig, bequem etc.), sodass der Einzelne bei seinen Einkaufs- und Konsumentscheidungen an bestimmte Trends andocken kann. An Trends, die ins eigene Wertespektrum passen bzw. die das eigene Wertespektrum am besten widerspiegeln oder die schlicht den stressigen Alltag erleichtern (siehe Food-Trend-Map 2020).

Food-Trend-Map 2020

Die Vielfalt der Food-Trends kann leicht Verwirrung stiften. Die neue Food-Trend-Map 2020 dient als Grundlage, um Klarheit und Orientierung zu schaffen. In ihr sind die Trends zu Gruppen gebündelt, für die ähnliche funktionale Merkmale zutreffen. Das erleichtert Unternehmen die Entscheidung, mit welchen Food-Trends sie sich – ausgehend von der jeweiligen Unternehmensphilosophie – künftig verstärkt auseinandersetzen wollen, um das eigene Profil zu schärfen und besser kommunizieren zu können. Neu – im Vergleich zur Food-Trend-Map 2018 – ist der Cluster „Nachhaltigkeit“, die für viele Konsumenten zu einem immer wichtigeren Kriterium bei der Wahl ihrer Lebensmittel und Speisen wird.

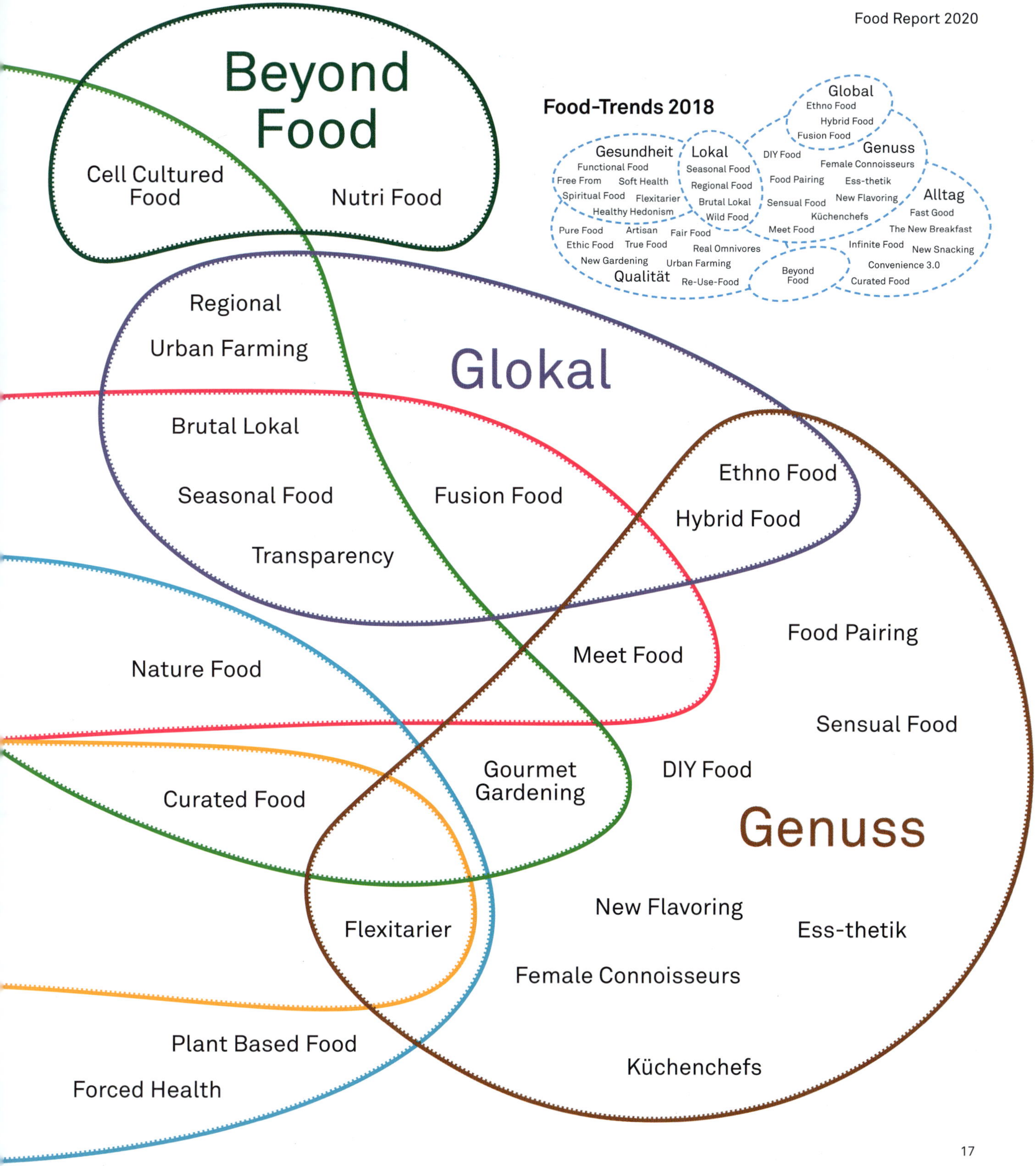
Beyond Food
Cell Cultured Food
Nutri Food
Regional
Urban Farming
Glokal
Brutal Lokal
Seasonal Food
Fusion Food
Transparency
Ethno Food
Hybrid Food
Nature Food
Meet Food
Food Pairing
Sensual Food
Curated Food
Gourmet Gardening
DIY Food
Genuss
Flexitarier
New Flavoring
Ess-thetik
Female Connoisseurs
Plant Based Food
Forced Health
Küchenchefs
Food-Trends 2018
Global
Ethno Food
Hybrid Food
Fusion Food
Gesundheit
Functional Food
Free From
Soft Health
Spiritual Food
Flexitarier
Healthy Hedonism
Lokal
Seasonal Food
Regional Food
Brutal Lokal
Wild Food
DIY Food
Genuss
Female Connoisseurs
Food Pairing
Ess-thetik
Sensual Food
New Flavoring
Küchenchefs
Alltag
Fast Good
The New Breakfast
Meet Food
Pure Food
Artisan
Fair Food
Ethic Food
True Food
Real Omnivores
Infinite Food
New Snacking
New Gardening
Urban Farming
Qualität
Re-Use-Food
Beyond Food
Convenience 3.0
Curated Food

Die Evolution von Food-Trends

Food-Trends sind per se keine statischen Phänomene. Sie entwickeln sich weiter und differenzieren sich aus; sie dynamisieren und verstärken sich im Verbund mit ähnlichen Trends. Das heißt, sie befinden sich in einer permanenten Evolutionsschleife. Die Verbreitung eines Trends geht – wie man am Beispiel Regionalität gut erkennen kann – häufig mit einer „Verwässerung" einher. Das bedeutet: Wird ein Trend zum Mainstream,

Die Entwicklung von Brutal Lokal

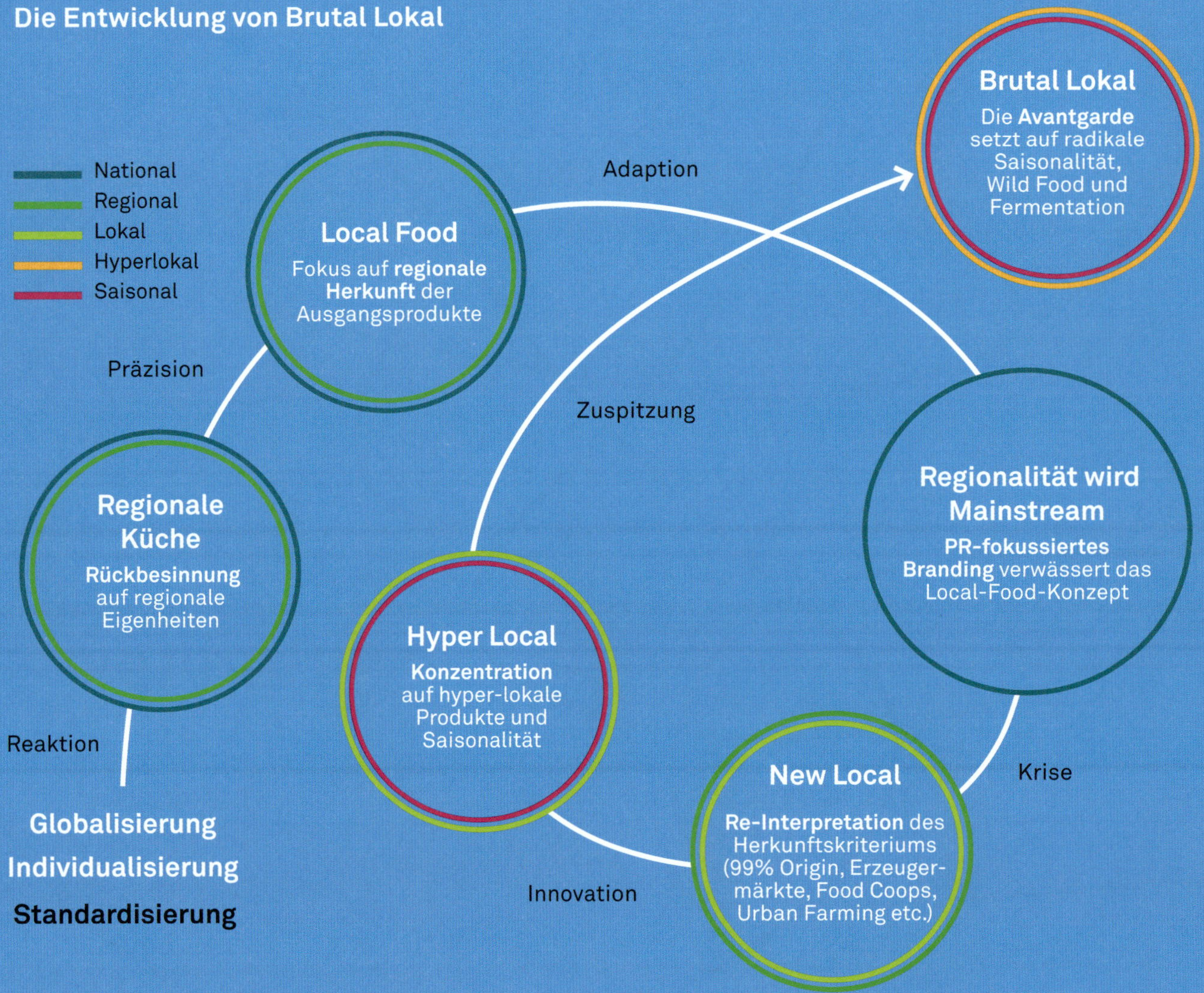

Quelle: Hanni Rützlers Food Report 2017

gerät er als Trend in die Krise. Daraus kann er jedoch wieder eine neue Dynamik gewinnen. Oder er bekommt – angestoßen durch soziale und kulturelle Veränderungen, markante Gegentrends und ausgelöst durch technische Innovationen – einen völlig neuen Spin. Diese Trend-Evolution zeigt sich zum Beispiel an der Entwicklung von Plant Based Food.

Die Entwicklung von Plant Based Food

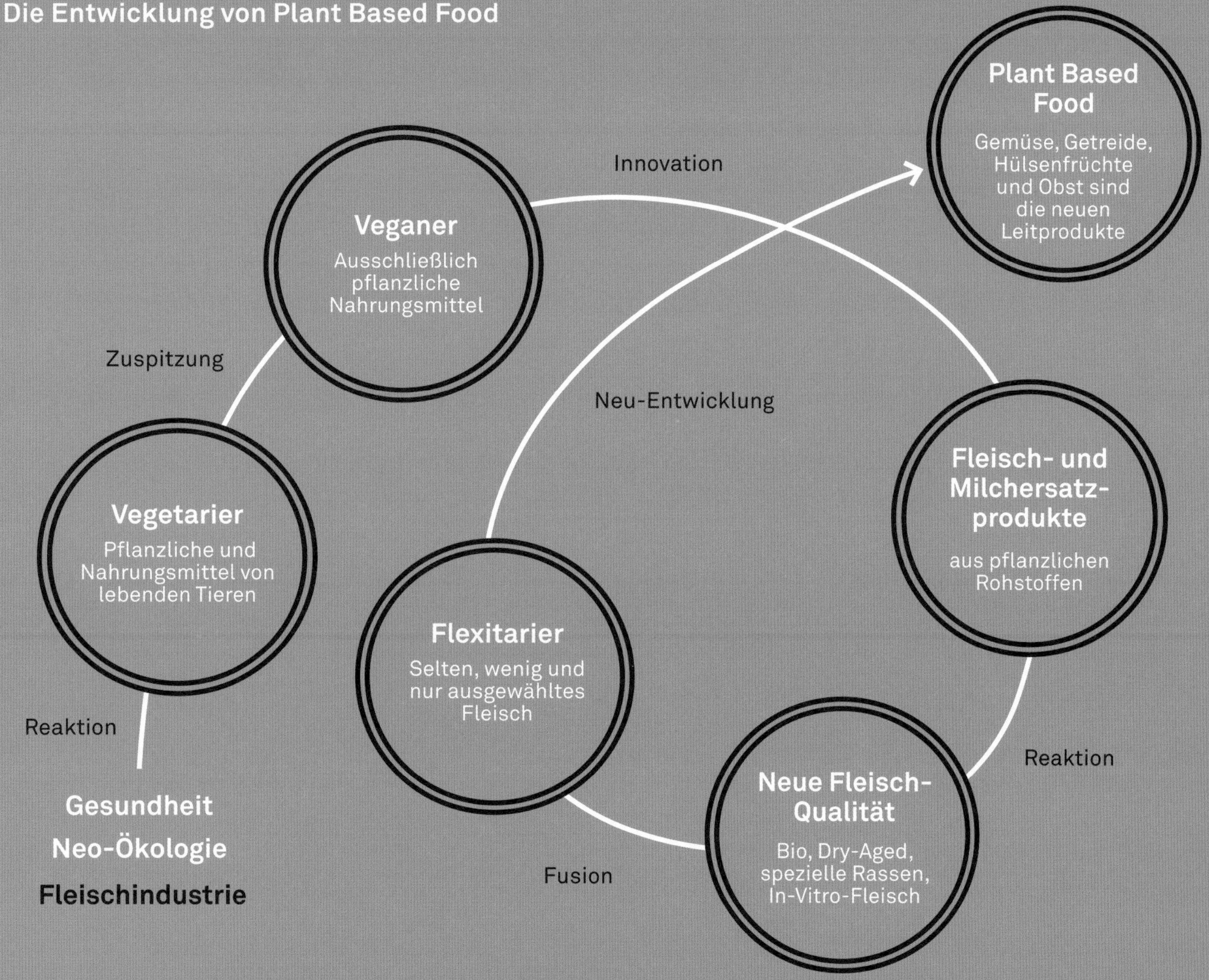

Quelle: Hanni Rützlers Food Report 2019

Mit der Evolution der Food-Trends geht oft auch die Erweiterung der Zielgruppen einher, die von bestimmten Trends angesprochen und damit selbst zu Akteuren, zu Trägern von Trends werden. Das gilt sowohl für Konsumenten als auch für Produzenten. Bei letzteren sind heute meist Start-ups oder Early-Stage-Companies die treibenden Player. Sie reagieren zeitnäher auf Trenddynamiken, können schneller Innovationen auf den Markt bringen und wecken damit auch Interessen und Bedürfnisse, die Konsumenten davor noch nicht artikulieren konnten. Denn ein Trend signalisiert immer auch Veränderungen, die über existierende Bedürfnisse, Wünsche und Werte der Konsumenten hinausgehen, sie „sprengen", erweitern und vorantreiben.

Um sich durchzusetzen, braucht ein Food-Trend schließlich eine kritische Masse an Trendfolgern. Damit er sich stabilisiert, benötigt er zudem einen flexiblen Markt, der neue, von Trend-Followern nachgefragte Produkte und Services bereitstellt. Erfasst er eine größere Menge an Followern und Akteuren und fusioniert er mit anderen Trends, die vergleichbare Antworten auf alltägliche Essprobleme und Bedürfnisse geben, so lösen sie sich tendenziell „als Trends" auf und landen im Mainstream, d.h. sie führen zu einer neuen Esskultur, die von einer Mehrheit der Konsumenten gelebt wird. Im Wandel unserer Esskultur in Richtung Snackification wird eine solche Trendentwicklung offensichtlich: Food-Trends wie „Hand Held Food", „Fast Good", „New Snacking", „Infinite Food" oder „The New Breakfast" kulminieren in einem Essverhalten, das sich deutlich von unserem traditionellen, von vormodernen Strukturmustern geprägten Essverhalten unterscheidet.

Sechs Food-Trends, die zu einer neuen Esskultur führen

Der Wandel von einer traditionellen zu einer modernen Esskultur hat sich schon in diversen Food-Trends der vergangenen Jahrzehnte angekündigt. Zahlreiche Merkmale, die für diese Trends charakteristisch sind, verdichten sich künftig in einem flexibleren, spontaneren und individuelleren Essverhalten. Wir nennen es Snackification.

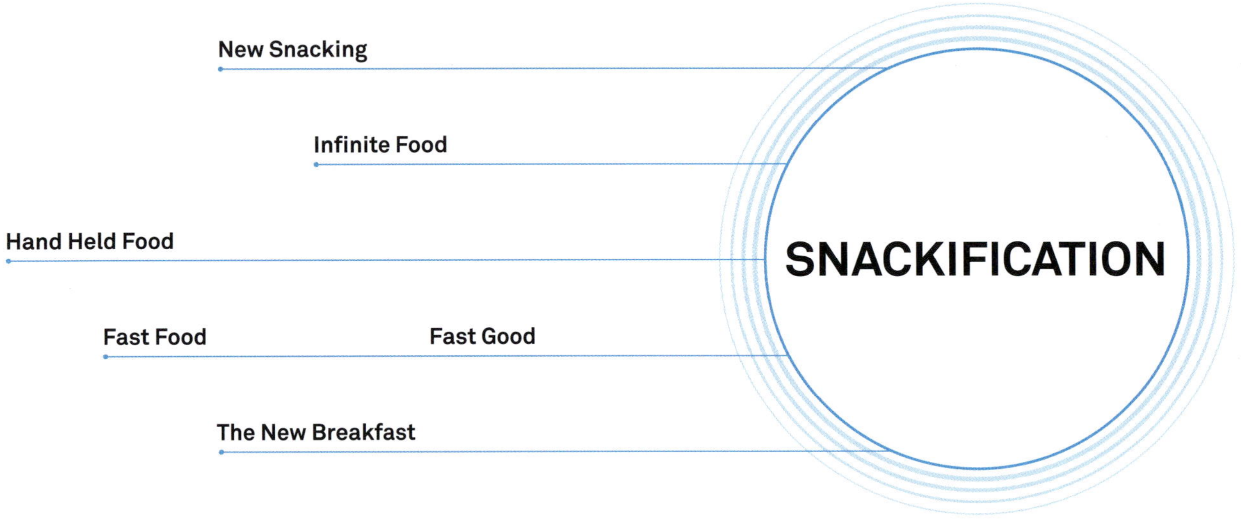

Foto: Beets&Roots

Gut, schnell und frisch – immer mehr gastronomische Angebote spezialisieren sich auf die Snackification, wie zum Beispiel Beets & Roots aus Berlin (siehe S. 30).

GASTRO

BRANCHEN-INSIGHT

Foto: rawpixel.com

Snackification – Das Ende der Mahlzeiten (wie wir sie kennen)

Noch vor zwanzig Jahren waren Snacks meist bloß eine schnelle Lösung für „Heißhungerattacken“ oder süße Belohnungen. Auch heute noch assoziieren wir mit dem Begriff Snacks fettige Chips, zuckrige Schoko- oder Müsliriegel sowie süßes und salziges Knabbergebäck. Aber: Langsam wandeln sich Snacks zu „kleinen Mahlzeiten“, von denen Konsumenten erwarten, dass sie gesund und genussvoll zugleich sind. Diese neuen Mini-Mahlzeiten ersetzen schrittweise traditionelle Mahlzeiten wie Frühstück, Lunch und Jause bzw. Vesper. In der künftigen Esskultur kann jedes Lebensmittel, jedes Getränk und jede Speise zu einer Mini-Mahlzeit werden: Snacking wird zu einer neuen Art zu essen. Diese Entwicklung fordert Handel und Gastronomie heraus.

Foto: rawpixel.com

Burger, Ramen und Bowls liegen voll im Trend. Das zeigt u.a. eine Umfrage des Online-Booking-Services Bookatable im deutschsprachigen Raum Anfang 2019. Der Burger hat sich als amerikanischer Fast-Food-Klassiker längst von seiner alten Heimat, der schnellen Systemgastronomie, emanzipiert und neben Streetfood-Events auch High-End-Restaurants erobert – immer mehr auch in vegetarischen und veganen Varianten. Auch das japanische Nudelgericht Ramen ist in aller Munde: 42 Prozent der Befragten haben bereits Restaurants besucht, die dieses Gericht servieren. Und knapp ein Drittel hat auswärts schon einmal hawaiianische Poke Bowls mit als gesund wahrgenommenen Zutaten wie roh mariniertem Fisch, Algen und Edamame-Bohnen oder die vegetarischen Buddha Bowls genossen (Bookatable GmbH & Co. KG 2019).

Was früher unter „Snacken“ firmierte, wird heute oft zum „eigentlichen“ Essen.

Der bemerkenswerte Erfolg dieser Speisen signalisiert einen markanten Wandel der Esskultur: Der Trend, der in den USA als „Snackification“ bezeichnet wird, erobert jetzt auch Deutschland, Österreich und die Schweiz. Auch bei uns sind die Zeiten, in denen sich die Familie mehrmals täglich am Esstisch für eine gemeinsame Mahlzeit zusammenfand, längst vorbei. Wenn noch gemeinsam gegessen wird, dann ist das eher am Abend. Nicht mehr die Essenszeiten strukturieren – wie in agrarischen Gesellschaften und lange Zeit auch in den Industriegesellschaften – den Arbeitstag, sondern umgekehrt: Unser Essverhalten passt sich zunehmend den Rhythmen unseres Alltagslebens an, das im digitalen Wissenszeitalter – zumindest gefühlt – immer schneller, flexibler und mobiler wird. Weder Arbeit und Bildung noch Freizeitaktivitäten sind an feste Orte und Zeiten gebunden. Das beeinflusst, wo wir wann was essen.

Die Erosion der klassischen Mahlzeiten

Umfragen des Marktforschungsinstituts GfK zeigen, dass die Zahl der Deutschen, die ihr Mittagessen zu Hause zu sich nehmen, zwischen 2005 und 2015 um 12,1 Prozent gesunken ist (GfK 2015). Die Hälfte der Bevölkerung genießt den Lunch entweder in Kantinen oder Restaurants – oder lässt das Mittagessen zugunsten von Snacks ganz ausfallen. Auch das Frühstück wird werktags von immer mehr Menschen nicht am Tisch, sondern „on the go“ verzehrt, wie der Food-Trend „The New Breakfast“ zeigt (siehe auch Food Report 2018, S.42ff.). Diese Entwicklungen sind gerade in den großen Städten noch viel ausgeprägter als in ländlichen Regionen.

Heute isst man, wenn man Zeit, Lust oder Hunger hat, und genießt – auch allein – immer häufiger einfach eine kleine Mahlzeit zwischendurch. Das erklärt die neue Popularität von Burgern, Bowls und Ramen: Sie sind, neben den ebenfalls beliebten spanischen Tapas, den levantinischen Mezze und den japanischen Bento-Boxen, ideale Mini-Mahlzeiten (kurz „Mimas“), deren Konsum nicht mehr notwendigerweise an bestimmte Essenszeiten oder Orte gebunden ist. Durch den Einfluss dieser Esskulturen anderer Länder, in denen kleine, vielfältige Gerichte und Häppchen eine lange Tradition haben, ändert sich zunehmend auch unsere „deutsche“ Idee einer Mahlzeit: In Zukunft muss sie nicht mehr aus der traditionellen Dreieinigkeit von Vorspeise, Hauptgang und Dessert bestehen.

Der Wandel der Haushaltsgrößen verändert die Rolle von Mahlzeiten

Haushaltsgrößen sind nicht die einzigen, aber wichtige Parameter dafür, wann, was, mit wem und wie wir essen. Der wachsende Anteil an kleinen, Ein- bis Zweipersonenhaushalten verändert im Zusammenspiel mit der Flexibilisierung unseres Arbeitslebens und der steigenden Mobilität unsere Esskultur und unser Ernährungsverhalten.

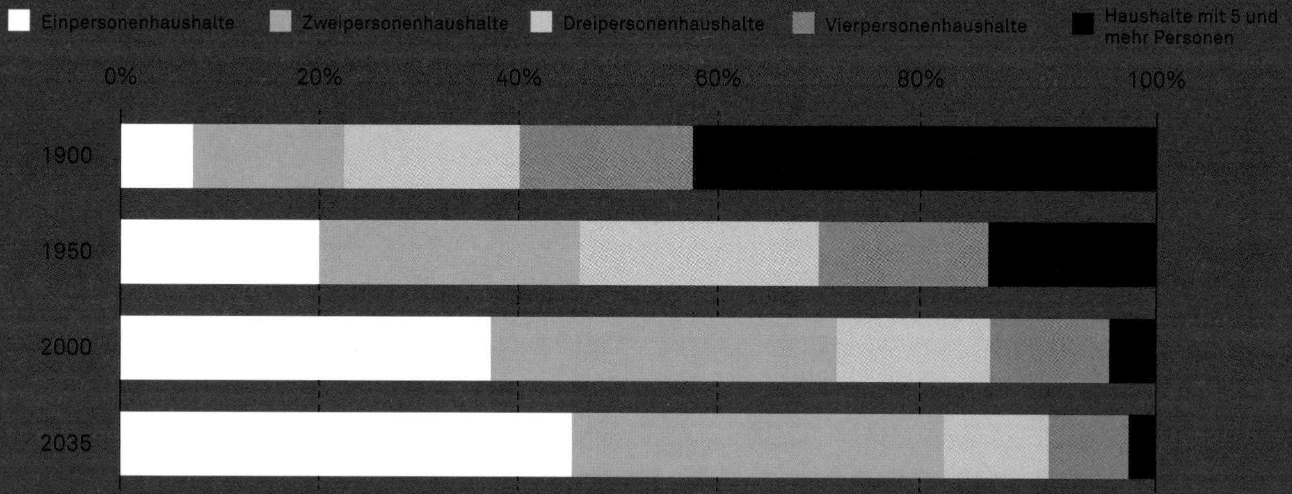

Quelle: Statistisches Bundesamt, 2017

Bis Mitte 20. Jahrhundert: Mehrpersonenhaushalte begünstigen das Kochen mit frischen Ausgangsprodukten und das gemeinsame Einnehmen der Speisen zu festen (Mahl-)Zeiten: Frühstück, Mittagessen, Abendessen. Gegessen wird vor allem zu Hause, und alle essen die gleichen Speisen. Die jeweilige Hauptmahlzeit (Mittag- oder Abendessen) zeichnet sich oft durch eine gängige Speisenfolge aus: Vorspeise/Suppe, Hauptspeise, Dessert.

Ab dem ausgehenden 20. Jahrhundert: Mit der wachsenden Dominanz von Ein- bis Zweipersonenhaushalten erodiert das traditionelle Mahlzeitensystem. Es wird nicht mehr täglich gekocht, und immer weniger Speisen werden gemeinsam eingenommen. Es wird häufiger außer Haus gegessen, und die Nahrungsaufnahme ist nicht mehr an feste (Mahl-)Zeiten gebunden. Die Größen der Portionen pro Essanlass sind kleiner, dagegen wird häufiger gegessen: Zwischenmahlzeiten und spontanes „Naschen".

Bei Mimas sind Konsumenten eher bereit, neue Gerichte, Aromen und Texturen auszuprobieren.

The New Snacking: Von Fast Food zu Fast Good

Verbraucher stellen inzwischen andere Anforderungen an das, was einst bei uns als „Fast Food“ Karriere machte. Als wesentlicher Bestandteil der Alltagsernährung sollen die neuen Snacks zwar „fast“, aber nicht „junk“ sein (vgl. Food Report 2016, S.38ff.). In den letzten Jahren ist nicht nur der Wunsch nach Zeitersparnis bei der Nahrungszubereitung und -aufnahme gestiegen, sondern auch das Bedürfnis, sich gesund zu ernähren und das Essen zu genießen. Dieser bewusste Genuss ist dabei nicht primär ein hedonistisches Projekt: Er ist eng an Werte gebunden, an fair und nachhaltig produzierte Lebensmittel von hoher sensorischer Qualität. Konkret: Essen soll nicht nur gut schmecken, sondern auch gut zu denken sein.

Ein weiteres Merkmal dieser neuen „Mimas“: Sie bestehen, wenn sie nicht ohnehin vegetarisch oder vegan sind, meist überwiegend aus pflanzlichen Produkten. Getreide wie Quinoa, Hirse oder Reis, rohes oder gekochtes Gemüse, Hülsenfrüchte und Tofu, Nüsse, Kräuter, Pilze und Samen sind im Trend. Fleisch und Fisch verlieren ihre traditionelle zentrale Rolle: Sie sind nicht mehr die von pflanzlichen Beilagen umrahmten Leitsubstanzen (vgl. Food Report 2018, S.50ff., und Food Report 2019, S.16ff.). Heute veredeln sie als Toppings pflanzenbasierte Gerichte, wie etwa bei den Buddha Bowls. Die Komposition der Bowls löst die alte Hierarchie der Lebensmittel auf: Alle Komponenten kommen darin gleichberechtigt auf den Tisch. Und die unbegrenzte Vielfalt, die dadurch möglich wird, macht die gesunden Bowls zum Signature-Dish unserer an Individualisierung, Mobilität und Gesundheit orientierten Esskultur. Auch auf dem heimischen Markt: Sie gelingen mit regionaltypischen Zutaten genauso perfekt wie mit hawaiianischen Rezepturen. Und da die Komponenten erst unmittelbar vor dem Genuss individuell zusammengestellt werden, weiß der Kunde auch stets, was er isst. Diese Kombination macht sie zu Speisen, die sich auch in die Trends zu „Transparency“ und „Local Food“ perfekt einfügen.

Dass im Zuge der Snackification unserer Esskultur auch vermeintlich ungesunde Fleisch-Klassiker für Furore sorgen, ist kein Widerspruch. In Wien zum Beispiel bieten immer mehr Gasthäuser, wie etwa das neue „Buchecker & Sohn“, traditionelle Innereien in kleinen Häppchen an: Gebackener Bries, Hirn mit Ei oder geröstete Nieren. Als Mini-Mahlzeiten erfreuen sie den Gaumen, ohne damit gleich die Cholesterin-Warnstufe „rot“ auszulösen.

Die Erosion der Mahlzeiten

Fixe Mahlzeiten strukturierten lange Zeit den Alltag und – durch die Festlegung der Reihenfolge der Speisen – auch das Essen selbst (pikant, pikant, süß). Die Erosion der klassischen Mahlzeiten markiert auch im deutschsprachigen Raum den Übergang von einer traditionellen zu einer modernen Esskultur. Snacks werden immer wichtiger und wandeln sich zu Mini-Mahlzeiten (Mimas). Damit löst sich auch die Hierarchie der Mahlzeiten im Tagesverlauf auf: War gestern das Mittagessen der zentrale Essanlass, so ist es heute das Abendessen. In Zukunft stehen verschiedene Essanlässe relativ gleichberechtigt nebeneinander.

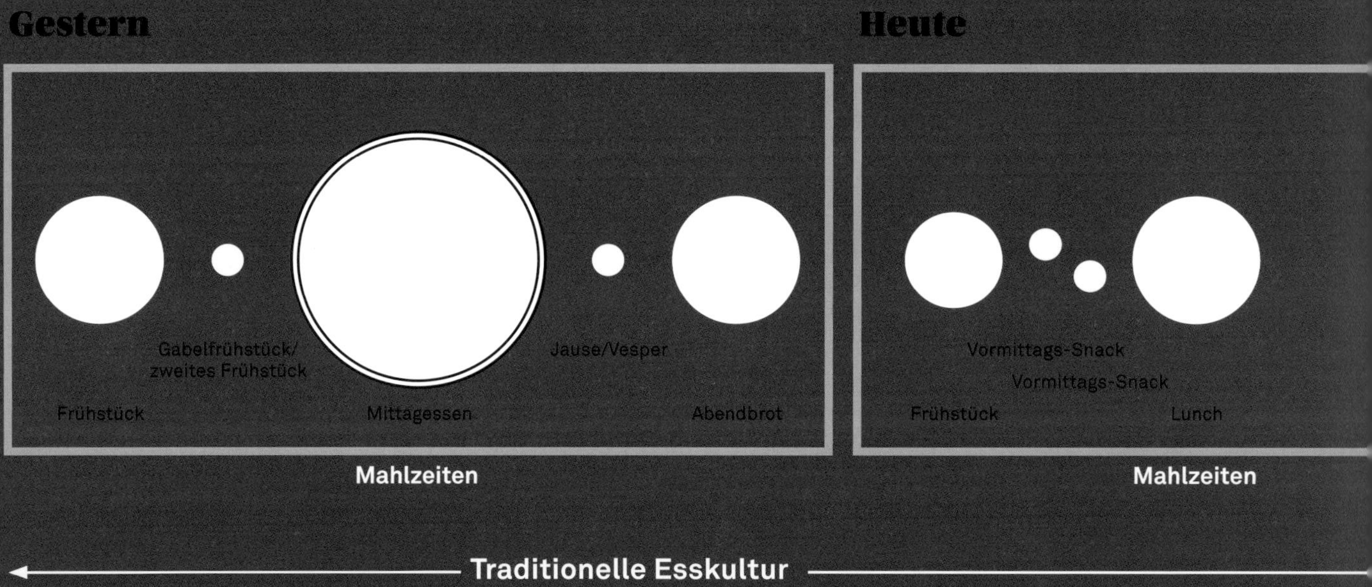

Definierte und im Voraus geplante Mahlzeiten geben weitgehend vor:

- Wann wir essen (sozial, kulturell akzeptierte Zeiten).
- Was wir essen (Arten von Lebensmitteln, bekannte Geschmacksprofile, die von allen am Tisch geteilt werden, gängige Gerichte).
- Wie viel wir essen (bestimmte Portionsgrößen und Speisenfolge).
- Mit wem wir essen (Familie, Arbeitskollegen), zu Hause oder am Arbeitsplatz, Schule und Kita.

Quelle: futurefoodstudio 2019

Morgen

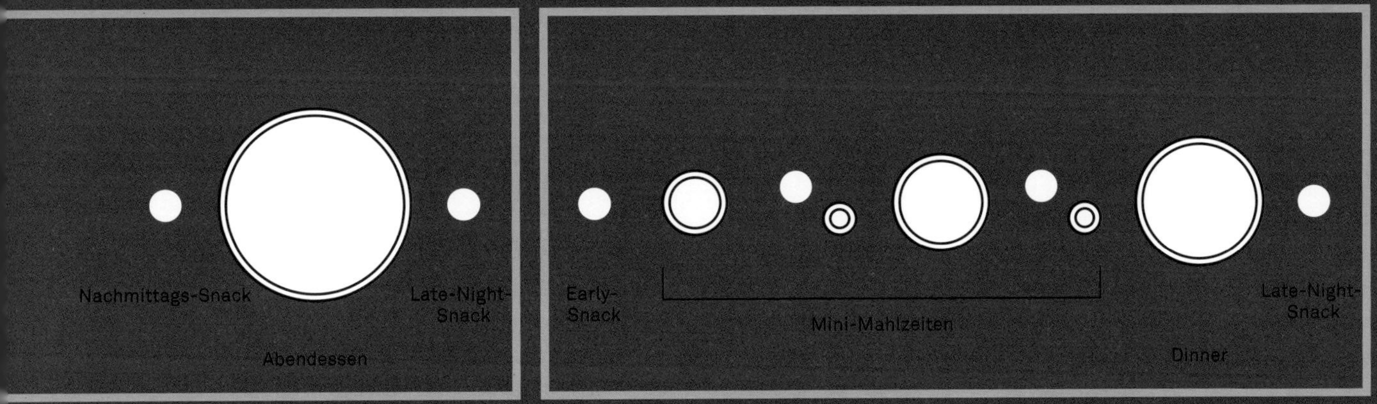

und Snacks

Mini-Mahlzeiten

Moderne Esskultur

Definierte Mahlzeiten lösen sich zugunsten spontaner Essgelegenheiten auf, die nicht an bestimmte Zeiten gebunden sind.

- Snacks und Mimas machen Konsumenten offener für neue Geschmäcke, Zutaten und Zubereitungsarten.
- Erst sie ermöglichen die individuelle, den jeweiligen Lifestyles (z.B. vegan) entsprechende Wahl.
- Die Transformation von Snacks zu Mimas führt weg von Knabbergebäck und Schokoriegel zu hochwertigeren und gesünderen Produkten und Speisen.
- Mimas werden zu Hause und außer Haus gegessen, oft alleine oder mit situativen Esspartnern.
- Die Entscheidung, was gegessen wird, erfolgt spontan, nach Verfügbarkeit, Zeit und Lust.

BEST PRACTICE

Beets & Roots
Gut, schnell und frisch

Die junge deutsche Fast-Casual-Restaurantkette setzt mit vorerst drei Standorten in Berlin und Hamburg den Snacking-Trend konsequent um: Online-Pre-Order-Möglichkeiten sorgen für möglichst geringe Wartezeiten. Die Bowls, Salate, Wraps und Suppen können sowohl im Restaurant als auch „On-the-go" und via Lieferservice genossen werden. Für höchste Qualität sorgt der Co-Owner Andreas Tuffentsammer, der 2011 als jüngster Koch mit dem Michelin-Stern ausgezeichnet wurde. Eingerichtet sind die Lokale minimalistisch modern. Das Motto: „gut und gesund – schnell und einfach – immer und überall". Damit trifft das Unternehmen nicht nur den Zeitgeist, sondern auch den Geschmack der Kunden: Noch dieses Jahr sollen vier weitere Standorte ihre Pforten öffnen.
beetsandroots.de

Foto: Beets&Roots

BEST PRACTICE

Oatsome
Two in One

Snackification und das damit einhergehende veränderte Essverhalten macht Platz für neue Produktinnovationen. Das Frankfurter Start-up Oatsome setzt auf die Kombination von zwei Trend-Produkten und bringt Smoothies und Bowls zusammen: Diese „Smoothie Bowls" machen mit Haferbrei lange satt und sind mit ihrem hohen Fruchtanteil vitaminreich und gesund. Hinzu kommen Nüsse, Samen, Getreide und Superfoods. Diesen Mix übergießt man mit Wasser oder Milch – fertig ist der Snack. Wer mag, kann die Zutaten auch in den Mixer geben und mit frischen Früchten ergänzen. Alle Smoothie-Bowl-Mischungen sind vegan und brauchen durch ihre Fruchtsüße keinerlei zusätzlichen Zucker. Das Unternehmen ermöglicht so eine schnelle, unkomplizierte und gesunde Ernährung – überall dort, wo man gerade Lust drauf hat.
oatsome.de

Foto: Oatsome

Mimas mischen die Branche auf

Im Snacking-Markt tummeln sich zahlreiche Player. Der wachsende Bedarf an Mini-Mahlzeiten lässt neuartige Gastro-Konzepte entstehen. Neben der Systemgastronomie und klassischen Kebab- und Imbissbuden finden sich immer mehr Quereinsteiger, die mit Food Trucks und Street-Food-Ständen neue Kreationen der schnellen Küche anbieten. Diese ähnlich schnellen, aber vielfach gesünderen und ernährungsphysiologisch hochwertigeren Angebote kannibalisieren traditionelle Orte für Zwischenmahlzeiten. Daneben wird auch die klassische Gastronomie durch diese Entwicklungen herausgefordert – Stichwort: Portionsgrößen und Öffnungszeiten. So zeigen sich mehr und mehr Restaurants aufgeschlossen und bieten Frühstück nicht mehr nur in den Morgenstunden, sondern bis in den Nachmittag hinein oder sogar den ganzen Tag an. „The New Breakfast" wurde als Trend bereits im Food Report 2018 beschrieben und lässt auf eine weitere Offenheit der Gastronomie für flexible Speisenfolgen und Essenszeiten hoffen.

Handel und Gastronomie werden im Zuge der Snackification zu direkten Konkurrenten, da auch Retailer auf den Trend aufspringen: Um die Aufenthaltsqualität und Verweildauer der Kunden in den Läden zu erhöhen, bieten immer mehr Händler Gastronomieangebote in ihren Stores an. Diese hybriden Retail-Gastro-Konzepte erfreuen sich immer größerer Beliebtheit. Laut einer Studie des EHI Retail Institute werden deutschlandweit mehr als „9 Mrd. Euro Umsatz [...] jährlich mit handelsgastronomischen Angeboten an rund 33.000 Standorten erzielt" (EHI Retail Institute 2018). Zugleich zeigt sich vor allem in den Innenstädten, dass immer mehr ehemalige Retail-Flächen mit den unterschiedlichsten Snacking-Angeboten bespielt werden.

Jedes Lebensmittel, jede Speise kann zu einem Snack werden. Und jede Speise kann an einem Tag ein Snack sein, an einem anderen eine Mahlzeit.

BEST PRACTICE

Le Dauphin

Die Gourmet-Tapas-Bar in Paris

Es muss nicht immer ein ganzes Menü sein – auch nicht in Paris. Chef Iñaki Aizpitarte, der nebenan sein vielfach ausgezeichnetes Top-Restaurant Le Chateaubriand führt, serviert im „Le Dauphine" nachmittags Suppen und bis tief in die Nacht hinein exzellente Tapas. Das Lokal wirkt dank viel Glas und Marmor, großem Tresen und klassischen Barhockern wie ein schickes Diner – und lädt bei tropischen und baskischen Mini-Mahlzeiten zum Verweilen ein.
restaurantledauphin.net

BEST PRACTICE

Frenchie FTG
Fast Good im Herzen von Paris

Neben dem bereits legendären Frenchie Bar à Vins und dem Frenchie Restaurant, in dem die neue französische Küche zelebriert wird, betreibt Gregory Marchand auch sein kleines „Frenchie to Go“. Das Take-Away ist von der New Yorker und Londoner Snack-Kultur beeinflusst, versprüht aber unverkennbaren französischen Charme. Alles ist hausgemacht und frisch zubereitet. Egal ob Hot Dog, Sandwich, Cake, Müsli oder Salat – vom Morgen bis zum frühen Abend gibt es streetfood-like Häppchen für den schnellen, unkomplizierten Genuss auf hohem kulinarischen Niveau.
frenchie-ftg.com

BEST PRACTICE

Suppenküche
Flüssige Snacks aus Bayern

Am Münchner Viktualienmarkt ist die Suppenküche seit fast 40 Jahren eine Institution. Mit dem Wandel der Esskultur und der Erosion traditioneller Mahlzeiten-Strukturen wandelte sich auch das kleine Traditionsunternehmen zum modernen Foodservice-Anbieter. Und auch das bewährte Sortiment aus Suppen, Currys und anderen Eintöpfen erweitert sich um vegane Angebote und trendige Toppings. Die bislang fünf Münchner Standorte will der Geschäftsführer Manfred Kneifel in den nächsten Jahren um weitere zehn Locations erweitern.
muenchner-suppenkueche.de

Foto: Münchner Suppenküche

BEST PRACTICE

Urban Deli
Schwedischer Snack-Tempel

Das Konzept von Urban Deli besteht in der klugen Mischung von Lebensmittelgeschäft, Markthalle, Bar und Restaurant. Auf der Straße Sveavägen in Stockholm bietet der Dachgarten von Urban Deli in der neunten Etage mit zwei Bars einen spektakulären Blick über die schwedische Metropole. Serviert werden neben Drinks auch zahlreiche einfache Gerichte aus der im Erdgeschoss liegenden Urban Deli-Markthalle, musikalisch untermalt wird die Atmosphäre von DJs. So entspricht das Lokal mit seinem entspannten Retail-Gastro-Mix einem perfekten Snackification-Konzept. In Stockholm finden sich inzwischen drei Urban Delis und zwei kleinere Ableger im Department Store Åhléns City und im Hauptbahnhof.
urbandeli.org

BEST PRACTICE

Bols de Jean
Brot-Bowls

Poke Bowls und Buddha Bowls haben auch Paris fest im Griff. Oft vegan, aber immer mit viel Gemüse, findet man sie auf zahlreichen Speisekarten. Jean Imbert serviert seine französisch und italienisch angehauchten Bowls aber nicht in Keramikschüsseln, sondern in Gefäßen aus Brot. Statt den klassischen hawaiianischen Zutaten löffelt man aus den Brot-Bowls Risotto, Kalbsfrikassée, Rinderhackfleisch, Muscheln sowie diverse vegetarische Gerichte und Aufläufe. Traditionelles neu interpretiert – Bols de Jean machen vor, wie es geht.
frenchie-ftg.com

Megatrends treiben die Snackification unserer Esskultur voran

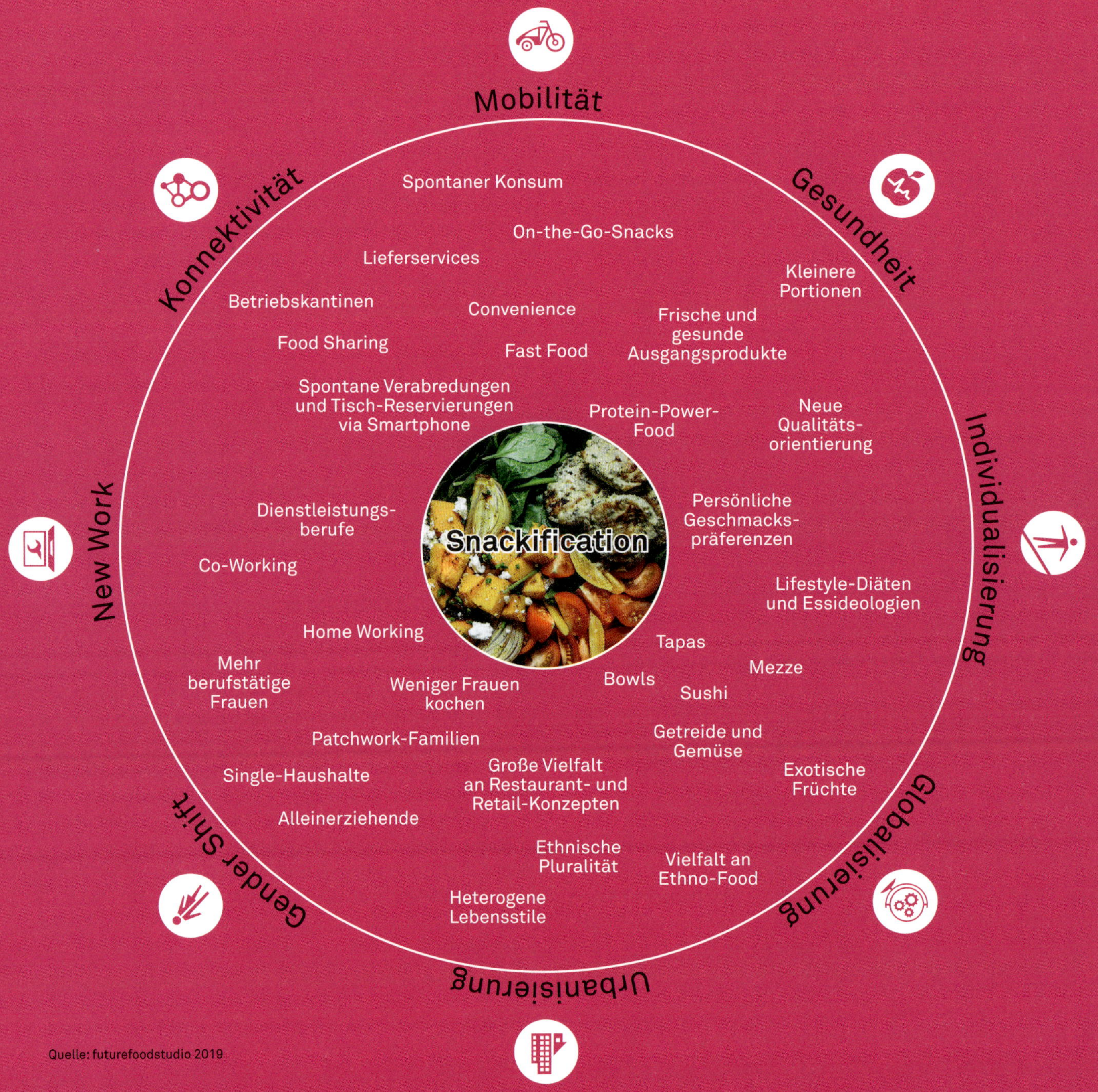

Quelle: futurefoodstudio 2019

Megatrends markieren Veränderungen, die uns bereits lange prägen und auch künftig noch lange prägen werden. Megatrends sind Tiefenströmungen des Wandels. Sie wirken in jedem einzelnen Menschen und umfassen alle Ebenen der Gesellschaft. Viele Entwicklungen, die von Megatrends vorangetrieben werden, prägen und verändern daher auch unsere Esskultur und tragen massiv zum Ende der Mahlzeiten (wie wir sie kennen) bei.

Snacking: Vom Was zum Wie

Wenn Snacks zu Mimas werden, kann Snacking nicht mehr über bestimmte Produktkategorien definiert werden. Snacking wird zu einer neuen Art des Essens. Es geht nicht primär um das „Was", sondern – vor allem auch in Hinblick auf Portionsgrößen – um das „Wie" und „Warum". Und das bedeutet: Jedes Lebensmittel, jede Speise kann zu einem Snack werden. Und jede Speise kann an einem Tag ein Snack sein, an einem anderen eine Mahlzeit.

Food-Trends wie „Plant Based Food", „Healthy Hedonism" (vgl. Food Report 2019, S.16ff. und S.26ff.) und „New Flavoring" (vgl. Food Report 2017, S.24ff.) dynamisieren diese Entwicklung und verändern gleichzeitig das Angebot der Gaststätten. Inspirationen dazu liefern u.a. die mediterranen, levantinischen und asiatischen Esskulturen, in denen Mini-Mahlzeiten eine lange Tradition haben: etwa Tapas, Mezze, Suppen, Dim Sum oder Bowls. Kulinarische Experimente können sich dabei für Gastronomen, Produzenten und Händler durchaus lohnen. Denn je kleiner die Portionen, desto neugieriger und wagemutiger lassen sich die Gäste auf geschmackliche Abenteuer ein.

BEST PRACTICE

Small Plates Eltham

Tapas and Mezze to share

In Australien gehört der Mix aus unterschiedlichen kulinarischen Kulturen und Kochtraditionen zum Essalltag. Das Restaurant Small Plates Eltham in der Nähe von Melbourne gilt als regelrechtes Snacking-Eldorado: Es hat sich auf kleine Portionen spezialisiert, die dazu einladen, an einem Tisch geteilt zu werden. Im Small Plates Eltham werden frisch zubereitete Mezze und Tapas serviert, die nicht nur Anleihen bei der mediterranen, sondern auch bei asiatischen und südamerikanischen Traditionen nehmen.
smallplateseltham.com.au

BEST PRACTICE

How I Like
Der Snack-Kühlschrank fürs Büro

How I Like ist ein intelligenter Kühlschrank fürs Büro vom brandenburgischen Start-up My Minute Meal. Die Idee kam aus einem Need heraus: Die beiden Gründer Sven Forgber und Martin Michenfelder ärgerten sich selbst darüber, dass sie die Mittagspause oft damit verbrachten, sich Essen zu beschaffen, anstatt sich zu erholen. Zudem fiel es oft nicht leicht, sich gesund zu ernähren, da ein entsprechendes Angebot fehlte oder die Zeit einfach nicht ausreichte, um sich etwas frisch zuzubereiten oder in der Pause essen zu gehen. Aus diesem Grund möchten sie mit dem smarten Snackautomaten die „Verpflegung am Arbeitsplatz revolutionieren“. Jederzeit und bargeldlos können vollwertige Mahlzeiten oder auch nur ein kleiner, gesunder Snack oder ein Getränk erworben werden. Doch nicht nur für Konsumenten, auch für Produzenten ist der Kühlschrank interessant: Es ist in Echtzeit ersichtlich, welche Produkte wann gewählt werden – das ermöglicht ein passgenaues Angebot.
howilike.de

Foto: Lara Krämer

BEST PRACTICE

Bel Foodservice Brot & Käse

Pairing for Snacking

Der französische Käse-Konzern Bel berät in Deutschland Bäckereien, wie sie am Snackmarkt konkurrenzfähig bleiben. Hierfür hat das Unternehmen gemeinsam mit Brotsommelier Jörg Schmid unter dem Namen „Brot & Käse“ kulinarische Konzepte entwickelt, die das Bäckerhandwerk mit einer Käsevielfalt kombinieren. Im Kern soll dabei die Frage beantwortet werden, welcher Käse von Bel Foodservice am besten zu welchem Brot passt: Foodpairing für Bäckersnacks. *bel-foodservice.de/brotundkaese*

Foto: Bel Deutschland GmbH

Fazit
GASTRO

Wo wir wann was essen, wird immer flexibler. Der Trend zu Snackification verändert unser Verständnis einer Mahlzeit: Die Dreieinigkeit von Vorspeise, Hauptgericht und Dessert löst sich mehr und mehr auf. Mini-Mahlzeiten erfreuen sich immer größerer Beliebtheit und lassen das traditionelle Menü in den Hintergrund treten.

Solche Zeiten grundlegender Veränderungen eröffnen immer auch große Chancen: Supermärkte und Retailer reagieren mit innovativen „On-the-go"-Angeboten auf die Snackification unserer Esskultur.

Foto: rawpixel.com

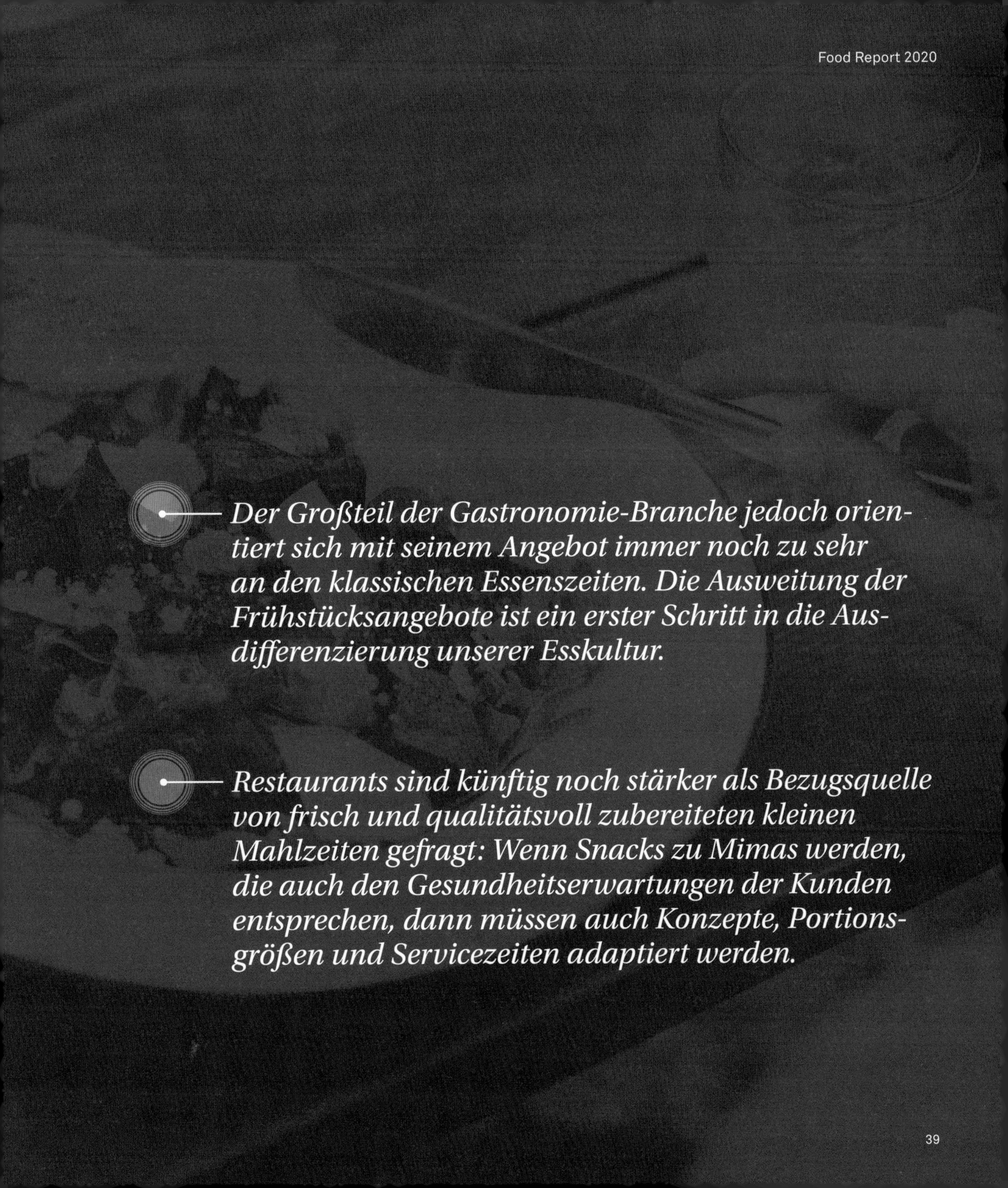

Der Großteil der Gastronomie-Branche jedoch orientiert sich mit seinem Angebot immer noch zu sehr an den klassischen Essenszeiten. Die Ausweitung der Frühstücksangebote ist ein erster Schritt in die Ausdifferenzierung unserer Esskultur.

Restaurants sind künftig noch stärker als Bezugsquelle von frisch und qualitätsvoll zubereiteten kleinen Mahlzeiten gefragt: Wenn Snacks zu Mimas werden, die auch den Gesundheitserwartungen der Kunden entsprechen, dann müssen auch Konzepte, Portionsgrößen und Servicezeiten adaptiert werden.

EATING ART

THEMEN-SCHWERPUNKT

Foto: Toa Heftiba, unsplash.com

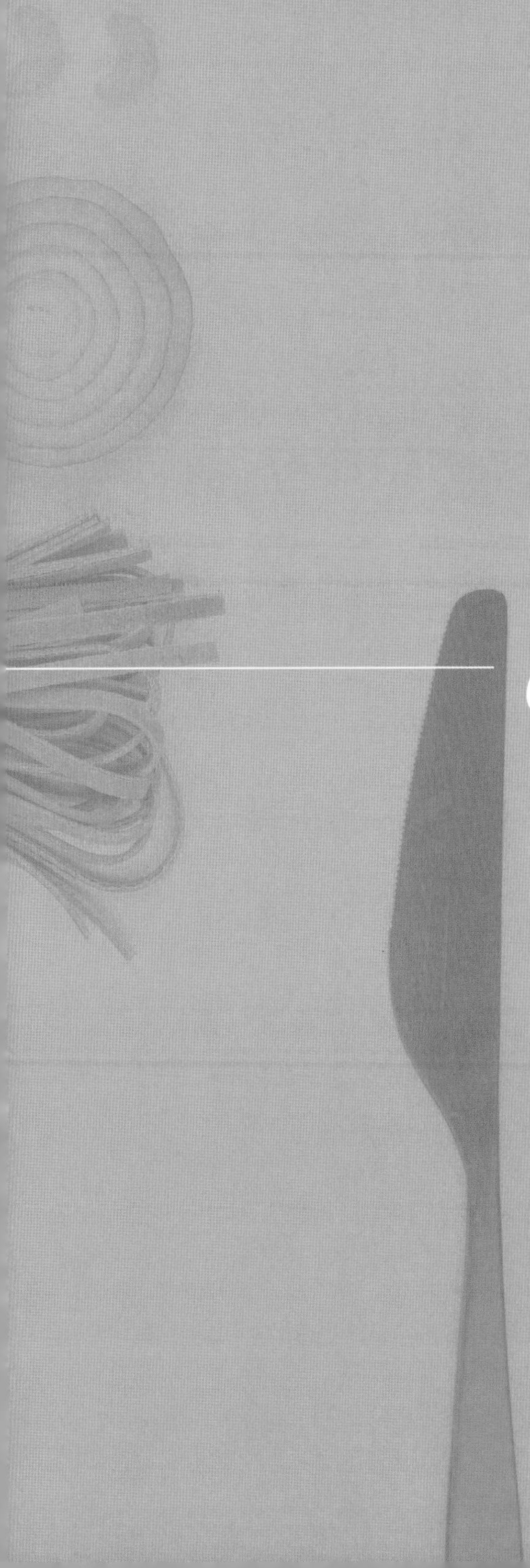

Wie Kunst und Design den Blick auf unser Essen verändern

Die Auseinandersetzung von Künstlern und Designern mit Essen dreht sich längst nicht mehr nur um Food-Styling, schöne Arrangements auf dem Teller, sinnliche Werbe-Sujets oder ästhetische Wein-Etiketten. Künstler und Designer leisten immer wichtigere Beiträge zur Gestaltung und Veränderung der Lebensmittelproduktion und Esskultur. Dabei dient ihnen die Ästhetik als Kommunikationsmittel, mit dem sie auf Missstände aufmerksam machen und visuell beeindruckend Kritik üben. Bei aller Ernsthaftigkeit verliert die Verbindung von Food und Kunst, von Essen und Design nie die Leichtigkeit und das spielerische Element. Kunst provoziert und irritiert – Design sucht nach kreativen Lösungen und Visionen. Und dieses radikale Andersdenken eröffnet der Food- und Beverage-Branche neue Denkräume, um unser Ernährungssystem zu innovieren.

Foto: Toa Heftiba, unsplash.com

Nahrung war schon immer ein mächtiges Verbindungsglied zwischen Leben und Kunst. Oder umgekehrt: Kunst und ihre „kleine Schwester", das Design, waren schon immer eine wichtige Brücke zwischen dem Leben und den Mitteln zum Leben. Von den prähistorischen Höhlenmalereien bis zu den barocken Stillleben, von den kunstvoll verzierten antiken Vasen und Bechern bis zum Tafelzubehör von Alessi, Rosenthal und Co. Solche Verbindungen von Ernährung und Ästhetik verschönern nicht nur unser Leben, sondern prägen stets auch unsere Wahrnehmung. Sie verändern unseren Blick auf Lebensmittel und die Art, wie sie hergestellt, konsumiert und viel zu oft verschwendet werden.

„Wissen kann viele Formen annehmen – eine davon ist die Kunst."

Clive Cazeaux, Professor für Ästhetik an der Metropolitan University Cardiff

Die Verwandtschaft von Essen und Design liegt schon darin begründet, dass die Landwirtschaft und das Kochen als Kulturtechniken „entworfen" wurden und immer noch neu „gestaltet" werden. Der gestalterische Zugriff hat sich im Laufe der Zeit verändert: Von der magischen Bedeutung der steinzeitlichen Tierfresken hin zur repräsentativen oder moralischen Funktion der Stillleben mit Mahlzeiten, Lebensmitteln oder Früchten; von der funktionellen Gestaltung von Geschirr oder Besteck bis zur hinterfragenden Irritation, die heute für das Selbstverständnis vieler Food-Designer steht. Angeregt wird Eating Art heute durch Künstler wie Daniel Spoerri, der auch den Begriff „Eat Art" geprägt hat, Joseph Beuys, Dieter Roth, Antony Gormley und viele andere: Sie thematisieren seit den 1960er Jahren Essen nicht mehr nur als Teil ihrer Arbeit, sondern nutzen es auch ganz konkret als Material, um daraus Kunst zu schaffen.

Ist das Kunst oder kann man das essen?

So verwendete Daniel Spoerri für seine berühmten Fallenbilder (franz. Tableaux pièges) Überreste von Mahlzeiten, fixierte sie mittels Leim und Konservierungsstoffen auf der Tischplatte, um eine dreidimensionale Momentaufnahme zu erschaffen. Es ist der Versuch, ein Stück Alltagswirklichkeit gleichsam einzufangen und damit im doppelten Wortsinn haltbar zu machen.

Umgekehrt haben sich auch Köche schon früh der Ästhetik bedient, um ihre Speisen attraktiver zu machen. Man denke nur an die kunstvollen Garnituren und Tafel-Inszenierungen der klassischen französischen Haute Cuisine des 19. und beginnenden 20. Jahrhunderts. Dass das Kochen selbst zur Kunst (erklärt) wird, ist aber erst ein Phänomen der Moderne: Beginnend mit der „Cucina Futurista" von Filippo Tommaso Marinetti, über Peter Kubelkas „Kochen als Kunstgattung" bis zu Ferran Adrià, dem ersten Koch, der bei der documenta in Kassel, der weltweit bedeutendsten Kunstausstellung, vertreten war. Oder Massimo Bottura und Ángel Léon, deren 3-Sterne-Konzeptküchen nicht nur kulinarisch, sondern auch künstlerisch begeistern.

Innovation braucht Irritation

Bei keinem dieser und vieler anderer „Künstlerköche" ging und geht es bloß um die ästhetische Gestaltung oder um das kunstvolle Arrangement von Speisekomponenten, wie es heute selbst in der durchschnittlichen Gastronomie (über-)strapazierte Praxis ist. Sie suchen Meditation und Reflexion, Ästhetik und Kritik. Es geht nicht nur um Genuss, sondern auch um Botschaften oder – wie es Roger Buergel, der künstlerische Leiter der documenta 12, formulierte – um „Verstehensirritationen", um „Erlebnisse der Andersheit" (Merkur 2009).

Wie schon Spoerri gehen sie mit ihren Arbeiten auch der soziokulturellen Bedeutung des Essens und der Esskultur nach. Sie setzen sich intensiv mit den Hintergründen unseres Umgangs mit Nahrungsmitteln, mit Lebensmittelproduktion, Speisenzubereitung und -verwertung, also dem gesamten Lebenszyklus unserer Nahrung auseinander. Indem sie mit Essen experimentieren und Nahrungsmittel sinnlich wie optisch verändern, schaffen sie nicht nur ein Bewusstsein für Essgewohnheiten und kulinarische Konventionen, sondern stellen diese zugleich in Frage.

Die Gedanken der Künstler und Designer, aber auch der Künstlerköche, kreisen um ganz unterschiedliche Themen, etwa Überfluss und Hunger, soziale Hierarchien, gesellschaftliche Codes, individuelle Vorlieben und Abneigungen, moderne Ernährungslehren und Koch-Shows. Von Konsum- und Globalisierungskritik bis hin zu Fast Food und Gesundheitswahn – alles wird thematisiert.

BEST PRACTICE

BeauxArts
Alain Passards Hybridbraten

In seiner Misfits-Serie kombiniert der deutsche Künstler Thomas Grünfeld die Körper verschiedener Tiere zu neuen Kreaturen. Schön und – in einer Zeit der Genmanipulation, des Klonens und der Erfindung von „Kunstfleisch“ – irritierend zugleich sind seine Strauß-Giraffe, sein Känguru-Pfau oder sein Papagei-Hund. Für das französische Kunstmagazin „Beaux Arts“ hat der 3-Sterne-Koche Alain Passard, der eigentlich für seine konsequente Gemüseküche berühmt wurde, ein Gericht gekocht, das von Grünfelds Misfits-Serie inspiriert ist: Die Lamm-Taube, getauft Chimäre mit Haaren und Federn, ist essbare Kunst, die Geschmacks- und Gehirnzellen aktiviert.
beauxarts.com

Foto: Bernhard Winkelman

BEST PRACTICE

Satellite Berlin
Vital Forces: Berliner Ess-Denk-Fabrik

„Vital Forces – Food in Context“ ist eine Denkfabrik und Veranstaltungsreihe, die sich mit Essen als Kulturgut in Vergangenheit, Gegenwart und Zukunft beschäftigt. Unter der Leitung der Food-Designerin Inés Lauber und von Kit Schulte, Gründerin der Kunstgalerie Satellite Berlin, sollen die Zusammenhänge und Beziehungen der verschiedenen an unserer Esskultur beteiligten Bereiche durch die Sprache der Kunst beleuchtet werden. Ziel ist es, ein größeres Publikum außerhalb der „Lebensmittelblase“ zu erreichen.
satelliteberlin.org/vital-forces; ineslauber.com

Foto: satellite berlin/vital forces

Kochen als Kunst, Food als Fetisch

Dazu kommt seit einigen Jahren, dass Künstler und Designer sich auch mit einer Kultur auseinandersetzen (müssen), die „Food“ in einen Fetisch verwandelt hat; einer Kultur, an deren Entstehung sie freilich selbst großen Anteil haben. Die Ästhetisierung von Essen wird mehr und mehr auf die Spitze getrieben: In der Werbung und vor allem in den vergangenen Jahren in der virtuellen Welt der sozialen Medien wird Essen – in Form hochverarbeiteter, technisch manipulierter Fotos – fast ausschließlich als „visuelles Medium“ verwendet, das in der physischen Welt kaum Entsprechungen findet. Speisen existieren so nur als imaginäre Köstlichkeiten, die von den meisten Zuschauern nie wirklich gekostet werden können. Sie werden Totem nie erfüllten Begehrens, visuelles „Eatertainment“, bei dem Nahrung nicht mehr als Basis für biologisches Überleben wertgeschätzt wird, sondern lediglich als „Tool“ für Unterhaltung.

Dagegen treten heute nicht nur Künstler, sondern auch eine neue Generation von Designern an. Für sie wirft die Auseinandersetzung mit unserer Ernährung – von der Landwirtschaft und Viehzucht über die Lebensmittelproduktion, den Handel und die Gastronomie bis zum Konsum und die Entsorgung unserer Nahrungsmittel – implizit zentrale Fragen nach der Zukunft unserer Gesellschaft auf. Zugleich bergen diese meist unangenehmen Fragen auch Ideen für potenzielle Gestaltungsmöglichkeiten dieser Zukunft.

„Eating Design hat das Potenzial, uns wieder menschlicher zu machen.“

Dr. Richard Mitchell, Professor am Food Design Institute der Otago Polytechnic in Dunedin, Neuseeland

BEST PRACTICE

The Eatelier

Synesthetic Dinner: Essen mit allen Sinnen

Das „Synesthetic Dinner“ ist ein anschauliches Beispiel für die Projekte des niederländischen Food-Design-Studios The Eatelier: Dieses konzentriert sich darauf, wissenschaftliche Forschung, soziokulturelle Trends und technologische Innovationen in die Food & Beverage-Welt zu übertragen und daraus für Produzenten, Handel und Gastronomie neue Ideen und Konzepte zu entwickeln. Beim synästhetischen Abendmahl, das aus fünf Gängen besteht, arbeitet The Eatelier mit einem DJ und einem bildenden Künstler zusammen und macht sich das neurologische Phänomen der Synästhesie zunutze: Verschiedene Sinne werden gekoppelt, beispielsweise der Geschmacks- und Hörsinn, um ein holistisches Sinneserlebnis zu generieren.
the-eatelier.com

Foto: The Eatelier

Foto: Nichon Glerum

BEST PRACTICE

Emilie Baltz und Klasien van de Zandschulp
Eat Tech Kitchen: Die futuristische Küche neu gedacht

Hochtechnologisiert stellte sich der Begründer des Futurismus, Filippo Tommaso Marinetti, in seinem Manifest der Cucina Futurista 1930 die Zukunft des Essens vor. Die Künstlerin, Experience-Designerin und Food-Technologin Emilie Baltz und die Interaction-Designerin und Multimedia-Künstlerin Klasien van de Zandschulp schufen auf dem Dokumentarfilmfestival IDFA DocLab mit dem Werk „Eat Tech Kitchen" zugleich eine Hommage an den Futurismus und eine Kritik an unserer Ess- und Konsumkultur. Besucher interagierten mit einem Bot-Chefkoch und teilten ihm ihre Träume und Ängste zur Zukunft mit. Daraus entwickelte die Künstliche Intelligenz eine Reihe von futuristisch inspirierten Rezepten, die den digitalen Konsum kommentierten. Essbare Likes und Rituale des Unfriending, wie wir es aus den sozialen Netzwerken kennen, bis hin zu pseudoreligiösen Sitzungen und Amuse-Gueules von Influencern reflektieren die Absurdität (und Realität), wie wir Technologie konsumieren.
emiliebaltz.com; klasien.nl

BEST PRACTICE

Mundane Matters
Design gegen Verschwendung

Mundane Matters ist ein Kunst- und Designprojekt von Danling Xiao. Die chinesische Designerin, die inzwischen in Sydney lebt, verwandelt Obst und Gemüse in visuell beeindruckende Kunstwerke. Ihr ist es wichtig, neue, andere Blickwinkel auf Alltagsobjekte zu eröffnen, um diesen scheinbar banalen Dingen mehr Wertschätzung entgegenzubringen. Die Fotos dieser Food-Kunstwerke verbreitet Danling Xiao über Instagram, um möglichst viele Menschen zu erreichen. Nachdem die Food Art fotografiert wurde, wird sie wieder in den Nahrungskreislauf zurückgeführt – folglich gegessen oder kompostiert. Zuletzt zeigte Mundane Matters eine beeindruckende Installation im Customs House in Sydney: Für das Projekt Wasteland wurden tausende Orangen aus Ozeanplastik, das im Great Barrier Reef gesammelt wurde, produziert, die als Kunst-Installation 24 Meter vom Dach der großen Halle schwebten.
mundanematters.co

Cauliflower Boy; Foto: Mundane Matters

BEST PRACTICE

Adelaide Lala Tam
0.9 Grams of Brass: Mahnmale unserer Esskultur

Was hinter den verschlossenen Türen der Schlachthöfe passiert, will kaum jemand sehen. Die aus Hongkong stammende Designerin Adelaide Lala Tam hat mit „0.9 Grams of Brass“ kleine Mahnmale geschaffen, die uns daran erinnern sollen, dass und wie Tiere heute geschlachtet werden. Alles, was bei der Betäubung von Schlachttieren von den Kartuschen der Elektroschocker übrig bleibt, sind 0,9 Gramm Messing. Daraus stellt sie Büroklammern her, die als Produkt des täglichen Gebrauchs an den Verlust des Lebens eines Tieres erinnern sollen; und der geringe Wert einer solchen Büroklammer erinnert im selben Zuge an den geringen Wert, den wir unserem Essen zugestehen.
adelaidetam.net

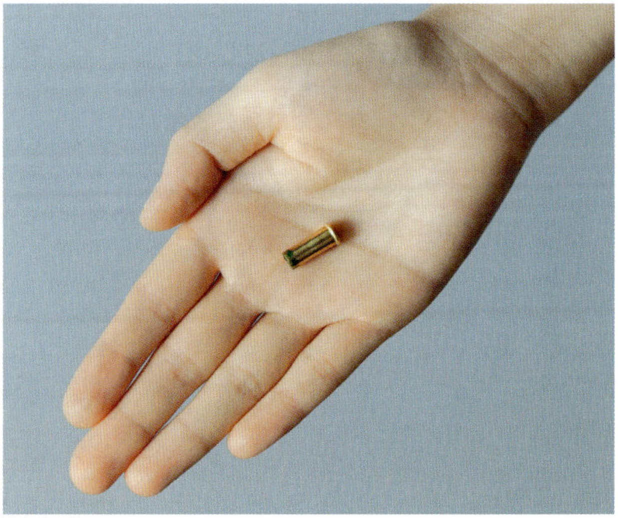

Foto: © Joël Hunn

Foto: © Joël Hunn

Und mit Essen spielt man doch

Um solche Möglichkeiten auszuschöpfen, bedarf es jedoch nicht nur eines Willens, sondern auch einer anderen Sprache. Denn Zukunft, so der Zukunftsforscher Harry Gatterer in Anlehnung an den Philosophen Byung-Chul Han, „öffnet sich zu dem Ereignis hin, das anders ist; das sich nicht in die Sprache des Gleichen einholen lässt, die die Sprache der Gegenwart ist. Und deshalb verwechseln wir Zukunft oft mit einer optimierten Gegenwart." Zukunft aber ist immer die „Zeit des Anderen". Und die Zeit des Anderen ist immer auch die Zeit des Überraschenden, vor dem wir uns schützen, das wir nicht einmal denken wollen, weil „das Andere immer auch die Negation des Gegenwärtigen ist, weil das zukünftig Andere immer auch Kritik an unseren gegenwärtigen Handlungen ist. Aber gerade deshalb braucht das Zukunftsdenken, wenn es wenigstens einen Schritt über die bloß optimierte Gegenwart hinausgeht, die Anderen": die Branchenfremden, Quereinsteiger, Designer oder Künstler (vgl. hierzu auch Han 2016).

Die Frage, ob Kunst eine genuine Erkenntnismethode sein kann und damit ein wesentliches Puzzleteilchen im menschlichen Erkenntnisprozess, ist so alt wie die Kunst selbst. Und Design hat sich – insbesondere in Gestalt des Industrial und Social Design – von Anfang an als Gestaltungswissenschaft verstanden: Als Wissenschaft, die Methoden für kreatives Denken entwickelt, um Prozesse und Produkte sowie deren Anwendung zu verändern. Anders als die Kunst, deren Fokus auf Reflexion, ästhetische Erkenntnis, Provokation und Irritation gerichtet ist, soll Design – auch wenn die Abgrenzung zur Kunst nicht trennscharf zu ziehen ist – darüber hinaus auch kreative Lösungen zwischen Technik, Marketing und Kundennutzen entwickeln. Lösungen, die über die formale Ästhetik hinaus einen zusätzlichen Mehrwert und damit – für Unternehmen – auch einen entscheidenden Wettbewerbs vorteil bieten.

BEST PRACTICE

Hanan Alkouh

Sea-Meat Seaweed: Eine Welt nach dem Fleisch

Fleisch zu essen wird immer mehr – ob aus ökologischer, ethischer oder gesundheitlicher Perspektive – problematisiert. Mit dem kompletten Verzicht auf Fleisch aber würde auch eine ganze Kultur verloren gehen. Die Designerin Hanan Alkouh stellt sich daher die Frage, wie wir die Kultur der Tierhaltung und des Fleischessens in einer „Welt nach dem Fleisch" dennoch erhalten können. Und gibt darauf eine skulpturale Antwort. Sie setzt unserer Fleischkultur und damit den mit ihr verbundenen Berufsgruppen (Landwirt, Schlachter, Metzger) ein künstlerisches „Denkmal", indem sie Fleischprodukte aus Lappentang nachbaut – einer Superfood-Alge, die nachhaltig abgebaut werden kann. So wandelt die Künstlerin die jahrhundertealte Kultnahrung in eine futuristische Supernahrung um.
hananalkouh.com

Photography by: Tom Mannion, Stylized by: Hanan Alkouh, Butchery by: André Pereira

BEST PRACTICE

Yunwen (Tutu) Tu
Szenarien eines futuristischen Ernährungssystems

Können wir Lebensmittel in Zukunft anders produzieren als mit unseren gegenwärtigen industriellen Produktionsmethoden? Und was bedeutet das für unser Essen? Das sind die zentralen Fragen, die sich die kalifornische Food- und Experience-Designerin Yunwen (Tutu) Tu stellt. In ihren Projekten setzt sie sich auf allen Ebenen mit der Zukunft unseres Ernährungssystems und unserer Esskultur auseinander – von Produktinnovationen über Produktions- und Distributionsprozesse bis hin zum Konsum. Sie entwirft Szenarien für eine kulinarische Welt, in der Cultured Meat selbstverständlich ist, in der Lebensmittel nicht mehr nach ihren Ausgangsprodukten, sondern ihrem Mundgefühl eingeteilt werden und Bauern nicht mehr „Landwirte", sondern Biotechnologen sind.
tuyunwen.com

Foto: Yunwen (Tutu) Tu

BEST PRACTICE

Julia Schwarz
Unseen Edible: Flechten für die Post-Apokalypse

Im Projekt Unseen Edible wird eine Zukunft entworfen, in der Flechten Teil unserer Nahrungskette sind. Wieso gerade Flechten? Sie bieten fast ebenso viele Nährstoffe wie Algen und Pilze. Es gibt mindestens 20.000 verschiedene Flechtenarten, die auf circa sechs Prozent der Erdoberfläche wachsen. Sie sind einer der ältesten lebenden Organismen auf dem Planeten. Flechten sind in der Lage, auf fast jeder Oberfläche zu überleben und extremen Bedingungen standzuhalten. Julia Schwarz steckt hinter Unseen Edible und entwickelte eine Reihe von Lebensmitteln aus Flechten; sie stellte unter anderem Senf, Cornflakes, Müsliriegel, Spaghetti oder Butter her. Speziell entworfene Werkzeuge sollen die Ernte der Flechte erleichtern. Man kann sich nicht früh genug für die Post-Apokalypse rüsten – sei es auch (nur) mit einem Kunstprojekt.
schwarzjulia.com

Foto: Julia Schwarz

Kunst und Design befreien unser Denken
Immer mehr Unternehmen realisieren, dass sie kreatives Denken und unkonventionelle Lösungen brauchen, um sinnvolle Innovationen zu generieren. Künstler, Social- und Industrial-Designer unterstützen sie dabei, geben Inspirationen, die neue technische Lösungen anstoßen oder weit darüber hinaus weisen.

Dabei geht es nicht bloß um ein neues Styling von Produkten und Verpackungen oder um die Gestaltung von Supermärkten und Restaurants. Es geht nicht um gemalte Stillleben oder instagramable Ess-Fotografie. Die Fragestellungen sind weit komplexer: Eat Artists und Food-Designer nutzen ihre spezifischen Fähigkeiten und ihr professionelles Know-how, um verschiedene Zukunftsszenarien zu denken. Sie versuchen – wie es Michael Eisenhauer, der Generaldirektor der Staatlichen Museen zu Berlin, formuliert –, „das eigentlich nicht Darstellbare zu visualisieren und damit zur Diskussion zu stellen, anzuregen, aufzurütteln" (Eisenhauer 2018).

Im Medium der Kunst können Gedanken Gestalt annehmen, die sich anders nicht ausdrücken lassen. Die spielerischen Entwürfe des (ganz) Anderen, an denen Künstler und Designer arbeiten, mögen für Praktiker in der Food & Beverage-Branche auf den ersten Blick absurd und weltfremd erscheinen. Und doch wirken sie – bewusst oder unbewusst – auf die Praktiker zurück, eröffnen ihnen Denkräume, die es braucht, um echte Innovationen zu entwickeln, die mehr sind als Ergebnisse einer optimierten Gegenwart. Dabei vollzieht sich künstlerisches oder ästhetisches Denken nicht nur im Darstellen von „etwas Anderem" als „Etwas". Es geht vielmehr um Formen von Assoziationen, die nicht auf eine bestimmte Logik reduziert werden dürfen; um einen Zugang zur Welt, der unserem logischen und zweckorientierten Verstehen nicht oder nur schwer möglich ist. Knud E. Løgstrup spricht davon, dass unser Verstehen in der Kunst „Freigang" bekommt, sich wenigstens für kurze Zeit dem Gefängnis der Logik, Effizienz und Zweckorientierung entziehen und damit eingefahrene Perspektiven und Handlungsmuster außer Kraft setzen kann (Løgstrup 1998).

„Es gibt ein Missverständnis über Food-Design: Dass es bloß bedeutet, Lebensmittel und Speisen schön zu machen."

Marije Vogelzang, Eating-Designerin

BEST PRACTICE

Eat Art Collective
Alga's Bar: Mensch-Alge-Symbiose

Alga's Bar, eine interaktive Installation, die die niederländische Eat Art Collective bei der Dutch Design Week in Eindhoven präsentierte, stellt den stofflichen Kreislauf unserer Nahrung nach. Besucher der Installation wurden mit einem Aquarium voller Algen verbunden. Während sie mit ihrem Körper und Atem den Algen Wärme und Kohlendioxid spendeten und dadurch deren Wachstum unterstützten, erhielten sie im Gegenzug nährstoffreiche Algen-Smoothies oder -Cocktails zu trinken.
eatartcollective.nl

Foto: Cow&Co by Anastasia Eggers and Ottonie von Roeder

Foto: Alga's Bar von Eat Art Collective

BEST PRACTICE

Anastasia Eggers und Ottonie von Roeder
Cow&Co: Milchgeschäfte

Bei hartnäckigen Problemfällen empfehlen Therapeuten paradoxe Interventionen. Das Designduo Anastasia Eggers und Ottonie von Roeder unterzieht mit seinem Projekt Cow&Co unsere Milchindustrie auf ästhetische Weise einer paradoxen Intervention. Das Konzept: Eine Gruppe von Kühen hat ihr eigenes Unternehmen gegründet. Die Kühe dienen selbst als Quelle für die Milchproduktion, zusätzlich wird das im Pansen gesammelte Methangas dazu verwendet, einen Melkroboter anzutreiben. Die Kühe melken sich also selbst! Per Online-Service können Menschen die Kuh ihrer Wahl aussuchen und frische Milch abholen. Sensoren, die das Wohlbefinden messen, ermöglichen es den Kühen, ihre Kunden zu bewerten. Die beiden Designerinnen adressieren so geschickt die Konsument-Produzent-Beziehung und regen zum Nachdenken an.
anastasiaeggers.com; ottonieroeder.de

BEST PRACTICE

Studio H
Waterless Dinner mit Salzwassergemüse

Fast 70 Prozent des weltweiten Süßwassers werden für die Landwirtschaft verwendet. Und in vielen Weltgegenden – auch in der westlichen Kap-Region – ist es viel zu knapp, um damit ausreichend Nahrungsmittel zu erzeugen. Das von der südafrikanischen Designerin Hannerie Visser gegründete Studio H forscht daher – gemeinsam mit dem niederländischen Unternehmen Salt Farm Texel – nach Möglichkeiten, Gemüse auch mit Meerwasser anzubauen. Anlässlich der Dutch Design Week 2018 in Eindhoven konnten Besucher während eines Waterless Dinner erste Produkte aus „Salzwassergemüse" (Ketchup, Pickles, Karottenbonbons) verkosten und geschmacklich mit konventionellen Produkten vergleichen. Gemeinsam mit Köchen arbeitet Visser nun an der Entwicklung einer zukunftsfitten „Speisekammer", die nur mit salztolerantem Gemüse gefüllt ist.
studio-h.co.za

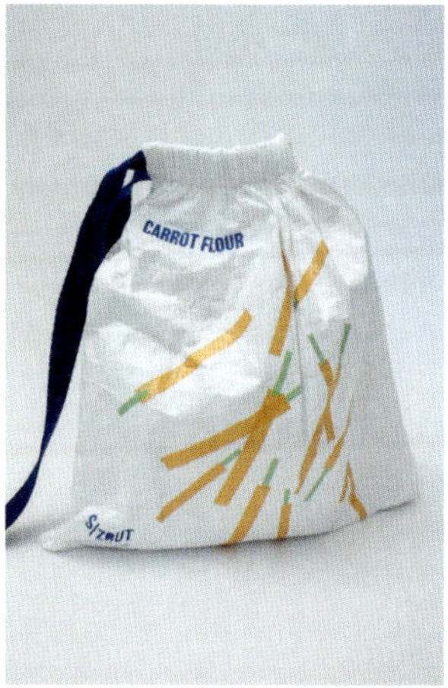

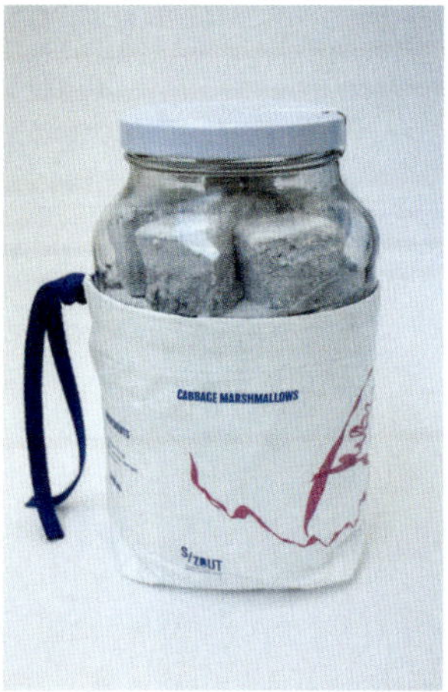

Fotos: Studio H/Jade Ruijzenaars

BEST PRACTICE

Pink Chicken Project
Design mit gefakter Gentechnik

Pink Chicken ist ein Design-Projekt des Londoner Studios Nonhuman Nonsense, das mehrere ineinandergreifende Aspekte der ökologischen und gesellschaftlichen Krise unserer industriellen Nahrungsmittelproduktion mit eindringlichen Bildern sichtbar machen will. Es richtet sich gegen die Gewalt, die wir Tieren durch Überzüchtung und gentechnische Eingriffe antun, indem es – virtuell – genau diese Technologien verwendet, um sie uns anschaulich ins Bewusstsein zu bringen. Die Idee dahinter: Wenn wir die Knochen der Hühner, die wir heute zu Milliarden verzehren, durch gentechnische Eingriffe rosa färben, dann könnten Geologen in Zukunft eine rosarote Segmentschicht als Kennzeichen des Anthropozän finden. Anschaulicher lässt sich die Menge der weltweit verzehrten Hühner und ihre industrielle Produktion kaum vermitteln.
pinkchickenproject.com

Foto: Nonhuman Nonsense

Foto: Fernando Laposse

BEST PRACTICE

Fernando Laposse
Totomoxtle: Ästhetik für Biodiversität

Fernando Laposse ist ein in London ansässiger mexikanischer Designer, der insbesondere günstige, leicht verfügbare oder verderbliche Stoffe verarbeitet, um unser Konsumverhalten und die Lebensmittelproduktion kritisch zu beleuchten. Seine Designobjekte und Projekte hinterfragen nicht nur unsere Konsummuster und Nahrungsmittelpolitik, sondern leisten auch einen praktischen Beitrag zur Erhaltung der Biodiversität sowie der Lebensgrundlage einfacher Bauern in Mexiko. So hat er zum Beispiel mit Totomoxtle ein neues Material entwickelt, welches das brillante Farbspektrum der Schalen alter Maissorten nutzt – daraus können Becher, Tapeten oder Möbel hergestellt werden. Mit der Produktion erhalten Bauern in Mexiko neue Verdienstmöglichkeiten, und zugleich trägt Totomoxtle zur Erhaltung der biologischen Vielfalt bei.
fernandolaposse.com

> **„Wenn das Erste Paradies die Zeit der Unwissenheit und das Zweite Paradies die der Erkenntnis ist, so führt uns das Dritte Paradies in die Ära der Verantwortung."**
>
> Michelangelo Pistoletto, italienischer Künstler

All-Verantwortung meldet sich zunächst ästhetisch

Dass in unserer Esskultur und unserem Ernährungssystem vieles falsch läuft, war auch für Marije Vogelzang die zentrale Motivation, sich als Designerin ausschließlich dem Thema Food zu widmen. Vor mittlerweile 20 Jahren hat sie ihre beeindruckende Karriere begonnen. Heute ist sie die wohl einflussreichste Eating-Designerin; ein Begriff, den sie bewusst in Abgrenzung zu Food-Design verwendet, um den Wandel des Selbstverständnisses ihrer Profession vom „Product Maker" zum „Concept Maker" bzw. „Design Thinker" zum Ausdruck zu bringen. Mit dem „Dutch Institute of Food and Design" hat sie zudem eine globale Plattform geschaffen, ein künstlerisch und wissenschaftlich orientiertes Laboratorium, in dem konzeptionelle und praktische Entwürfe für die Zukunft der Landwirtschaft, der Lebensmittelproduktion und -distribution sowie der Gastronomie entwickelt und präsentiert werden.

Eating-Designer überdenken unser Essverhalten, unsere Essrituale und unsere Lebensmittel. Sie fragen, wie wir nachhaltige Veränderungen voranbringen können – und entwerfen Gesamtkonzepte, die darauf antworten. Das Selbstverständnis der Designer beruht dabei auf der Tatsache, dass die Art und Weise, wie wir Lebensmittel erzeugen und verwenden, wie wir Lebensmittel servieren und erhalten, wie wir Essen konsumieren, teilen und entsorgen, historisch gewachsen ist. Kurz: dass auch Traditionen einmal „erfunden" und „gestaltet" wurden.

Traditionen, so Marije Vogelzang, mögen alt sein, aber das heißt nicht, dass sie immer existiert haben (Vogelzang 2019). Und es heißt schon gar nicht, dass sie nicht auch wieder geändert werden können. Sie waren immer schon Gegenstand von Gestaltern, auch wenn „Gestalten" lange Zeit keine eigenständige Profession war: Das Kochen mit Feuer ist eine Erfindung. Der Anbau von Lebensmitteln in landwirtschaftlichen Betrieben ist die Gestaltung der Natur. Die Verwendung eines Löffels zum Verzehr einer Suppe ist die Gestaltung der Kultur.

Zu einer eigenständigen Profession ist Design in der Food-Branche erst im Zuge der immer weiter zunehmenden Komplexität unseres Ernährungssystems geworden, einschließlich aller Probleme, die damit einhergehen. Um diese Probleme zu lösen, brauchen wir andere Werkzeuge, andere Regeln und neue Traditionen. Nach solchen zu forschen, sie zu gestalten und mit ihnen zu experimentieren ist die Aufgabe, der sich Food-Designer und Eating Artists stellen.

BEST PRACTICE

Marije Vogelzang
Eating-Design statt Food-Design

„Food design is shit", sagt Marije Vogelzang, Europas führende Food-Designerin, die sich daher lieber Eating-Designerin nennt. Denn Lebensmittel sind von Natur aus perfekt gestaltet. Was es zu verändern und neu zu gestalten gilt, ist also nicht „Food", sondern die Art und Weise, wie wir Lebensmittel produzieren und konsumieren. Und dafür hat Vogelzang unzählige Vorschläge gemacht: In Form von Kunstprojekten, Workshops, Unternehmenskonzepten und Dinner-Events. Design soll erfahrbar sein – so zielt zum Beispiel ihr Projekt „Volumes" darauf ab, Essen wieder zu einem achtsamen Erlebnis zu machen und die Gäste eines Restaurants auch mit kleineren Portionen zufrieden zu stellen. Der Clou dabei: Die servierten Portionen sehen größer aus, als sie sind, da neben dem eigentlichen Essen auch beschichtete Steinchen auf dem Teller Platz finden.
marijevogelzang.nl

Foto: Marije Vogelzang

BEST PRACTICE

Honey & Bunny
Eat Art und Food-Design aus Österreich

Das Duo Sonja Stummerer und Martin Hablesreiter beschäftigt sich seit Jahren künstlerisch mit Essen und dessen Design: Inzwischen leiten sie an der New Design University St. Pölten den Universitätslehrgang Food Design. Mit Installationen, Ausstellungen, Filmen, Performances, Architektur und Büchern untersuchen und gestalten sie die Beziehung, die wir zu allen Facetten unserer Ernährung haben. Besonderes Augenmerk liegt auf ökologischen und nachhaltigen Aspekten – die Arbeit von Honey & Bunny soll vor allem zum Nach- und Umdenken anregen. Zu sehen sind die Designer seit Mai 2019 im Londoner Victoria and Albert Museum in einer der bisher umfassendsten Ausstellungen zum Thema Food Art und Eating-Design. Das Spektrum der Ausstellung mit dem Titel „Food: Bigger than the Plate" reicht von gastronomischen Experimenten bis zu neuen Urban-Farming-Projekten und beleuchtet kritische Aspekte der Ernährungspolitik ebenso wie kulinarische Freuden.
honeyandbunny.com

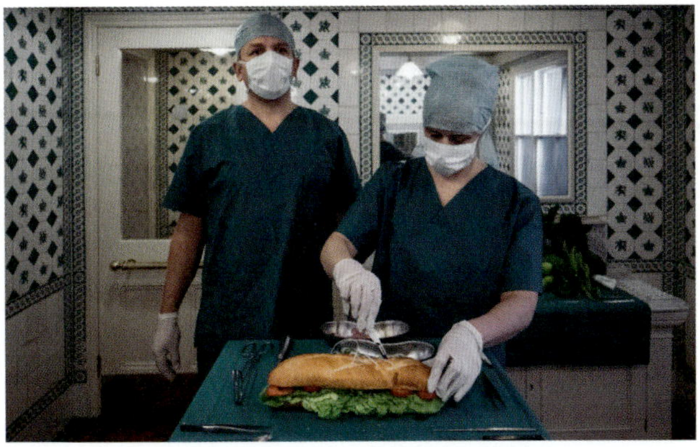

Foto: honey & bunny (Stummerer | Hablesreiter) und Sebastian Alarmovsky

Fazit
EATING ART

Die Welt befindet sich im Umbruch. In Zukunft muss unser Ernährungssystem nachhaltiger, gesünder, ressourcenschonender und emissionsfreier werden. Kunst und Design können hierfür wichtige Denkanstöße liefern – kritisch und unabhängig.

Eating- und Food-Designer setzen sich mit der soziokulturellen Bedeutung von Essen und unserer Esskultur auseinander. Sie entwickeln weltweit inspirierende Visionen, Konzepte und Produkte, die Ernährung ganzheitlich verstehen und aufzeigen, was möglich ist.

Foto: Toa Heftiba, unsplash.com

Was nach Science-Fiction klingt, kann durch technische Innovationen rasch Realität werden. Eating- und Food-Design zeigt mit dem Stilmittel der Ästhetik die Verantwortung unseres Tuns auf – sei es als Konsument, Produzent, Retailer, Marke oder einfach als Mensch.

Immer mehr Unternehmen nutzen das Know-how von Designern nicht nur für Marketingzwecke und für das Design ihrer Produkte, sondern lassen sich von ihnen auch bei der Neugestaltung ihrer Produktionsprozesse inspirieren.

URBAN FOOD

THEMEN-
SCHWERPUNKT

Foto: Lisa Fotios, pexels.com

Die Zukunft unserer Nahrungsmittelversorgung liegt in der Stadt

Essen, das aus urbaner Landwirtschaft stammt, war lange Zeit ein Kuriosum. Klar wurde zwischen städtischer Produktion und Land-Wirtschaft unterschieden. Wer wollte Erdbeeren, die zwischen Parkplätzen gedeihen? Mit der zunehmenden Rückkehr von Natur in die Städte in Form von Grünanlagen, Parks, Gärten etc. steigt die Lebensqualität vor Ort. Zudem ist unter den Stadtbewohnern ein Interesse fürs Gärtnern erwacht. Inzwischen werden immer mehr Nahrungsmittel auch im urbanen Raum angebaut – nicht nur von Urban Gardeners für den Eigenbedarf, sondern zunehmend auch von professionellen „Stadtbauern". Urban Food steht für ein neues Bewusstsein und eine daraus entstehende Bewegung, die substanzielle Alternativen für unser Ernährungssystem entwickelt. Neue Technologien verändern nicht nur land- und gartenwirtschaftliche Berufsbilder, sondern auch unsere traditionelle Vorstellung von Natur und Nahrungsmitteln.

Foto: Lisa Fotios, pexels.com

Städte boomen weltweit und sind die Knotenpunkte der Globalisierung. Landflucht und städtische Verdichtung, Gesundheit und Nachhaltigkeit, Vernetzung und Lebensqualität sind wichtige Themen der Urbanisierung. Zugleich stellt uns der Megatrend Urbanisierung vor eine der größten Herausforderungen der Menschheit: nämlich die Frage, wie wir künftig leben wollen. Die Metropolen dieser Welt gelten zwar als Experimentierfelder für Neues, zugleich haben sie aber häufig mit fehlendem Wohnraum zu kämpfen. Städte und das umliegende Land verschmelzen immer mehr zu großflächigen Agglomerationen, Metropol- bis zu Mega-Regionen. Hinzu kommt, dass im Gegenzug die landwirtschaftlichen Anbauflächen immer weiter schrumpfen – laut dem Umweltbundesamt gehen jedes Jahr zehn Millionen Hektar Ackerfläche verloren (Umweltbundesamt 2015). Aus diesem Grund sehen sich vor allem die exponentiell wachsenden Städte herausgefordert, neue Wege in der Nahrungsversorgung ihrer Bewohner einzuschlagen. Die Lösungsansätze zielen darauf ab, Lebensmittel – wie in vorindustriellen Zeiten – wieder in den Städten selbst zu produzieren und reichen von Hightech-Visionen bis zu ganzheitlichen Ansätzen einer kommunalen Ernährungspolitik.

Denn Urban Food ist mehr als urbane Landwirtschaft, mehr als idyllische Schrebergärten, aktionistisches Guerilla-Gardening oder futuristisches Farm Scraping. Es sind die Städte, in denen sich unsere Esskultur und folglich auch die Art und Weise unserer Lebensmittelproduktion verändern. Immer schon waren Lebensmittel und Speisen stark in das städtische Alltagsleben eingebunden. Supermärkte, Bäckereien, Imbissbuden, Fast-Food-Lokale, Restaurants, Cafés und immer vielfältigere Take-Away-Angebote prägen die Straßenzüge und haben großen Anteil an der je spezifischen Atmosphäre eines Stadtteils. Hippe Markthallen und eine lebendige, innovative Gastro-Szene sind längst zu erfolgreichen Instrumenten (touristischen) Stadtmarketings geworden. Die Food & Beverage-Branche generiert nicht nur viele Arbeitsplätze, sondern auch einen großen Teil der Umsätze der städtischen Wirtschaft.

In den Städten verändert sich unsere Esskultur und folglich auch die Art und Weise unserer Lebensmittelproduktion.

Urbanität als neue Denkweise

Urban Food steht aber nicht nur für den Konsumraum Stadt. Der Begriff steht für ein neues Bewusstsein und eine sich daraus entwickelnde Bewegung, die substanzielle Alternativen für unser Ernährungssystem entwirft und ausprobiert. Dabei liegt der Fokus auf dem Klimawandel, aber auch Themen wie Biodiversität, Tierwohl und Gesundheit wird Aufmerksamkeit geschenkt. Dieses neue Bewusstsein gründet zudem auf der Tatsache, dass immer mehr Menschen in Millionenmetropolen leben und diese somit zu den mächtigsten Akteuren und wichtigsten Problemlösern unserer globalisierten Welt werden.

Denn Städte sind mehr als Orte, Urbanisierung beinhaltet mehr als den Wandel von (Lebens-)Räumen. Durch neue Formen der Vernetzung und Mobilität wird Urbanität vor allem zu einer neuen Lebens- und Denkweise (vgl. Megatrend „Urbanisierung", Zukunftsinstitut 2018a). Städte sind die Hochburgen der wissensbasierten Gesellschaft. Fast alles entwickelt sich in und aus der Stadt heraus, aus einer urbanen Perspektive und dem Innovationsdrang ihrer Bewohner, die einen vielfältigeren und offeneren Zugang zu den Herausforderungen zukünftiger Nahrungsmittelversorgung haben. In den „Unfolding Cities" sind häufig auch eine rege Start-up-Szene und viele engagierte junge Unternehmer zu finden, die – ob in der Verarbeitung, im Handel oder der Gastronomie – mit neuen Produkten und Services experimentieren. Auch im zivilgesellschaftlichen oder politischen Bereich entstehen Projekte, die sich mit dem Thema Ernährung aus der städtischen Perspektive auseinandersetzen (vgl. Zukunftsinstitut 2018b).

Vom Konsumraum zum Produktionsraum Stadt

Schon heute drängen „weltweit Städte und ihre Bewohner in die Zukunft, während Nationalstaaten das ‚Great Again' – und damit die Vergangenheit – als Ziel definieren" (Zukunftsinstitut 2018b). Kluge politische und wirtschaftliche Veränderungen werden verstärkt auf lokaler und weniger auf nationaler Ebene vorangetrieben. Mit ihren Möglichkeiten, Beruf und Freizeit zu verbinden, ziehen Städte die besten jungen Köpfe an, die der Wunsch nach einem nachhaltigen, klimafreundlichen Lebensstil eint. Freilich reicht es nicht, bloß ein romantisches Zurück-zur-Natur-Gefühl zu realisieren: Die Anwendung neuer, smarter Technologien hilft nicht nur bei der Entwicklung nützlicher und nachhaltiger Ideen, sondern verlagert auch die Produktion von Lebensmitteln in Zukunft zunehmend dorthin, wo sie vor allem konsumiert werden: Die Vereinten Nationen schätzen, dass im Jahr 2050 weltweit 68,4 Prozent aller Menschen in Städten leben werden – dies entspricht über 6,5 Milliarden Stadtbürgern (United Nations 2018). Städte werden ihren Status als Dreh- und Angelpunkt wirtschaftlicher und gesellschaftlicher wie auch landwirtschaftlicher Entwicklung in Zukunft daher noch verstärken.

BEST PRACTICE

Smallhold
Die dezentralisierte Pilzfarm

Pilzesammeln im Wald war gestern! Die amerikanische Firma Smallhold stellt Mini-Farms im Kühlschrank-Look her, mit denen in Kellern von Restaurants, in Containern oder Supermärkten diverse Arten von hyperlokalen Pilzen biologisch gezüchtet werden können. Das dezentrale Landwirtschaftssystem produziert 40-mal mehr als traditionelle Pilzfarmen. Seit 2017 können Köche und Retailer so jede Woche kiloweise Pilze direkt selbst ernten und den Kunden anbieten. Gesteuert wird das Wachstum der Pilzkulturen zentral via Remote-Technologie und ist somit auch für Pilz-Anfänger bestens geeignet.
smallhold.com

Foto: Smallhold

Foto: Agricool

BEST PRACTICE

Agricool

Erdbeeren aus dem Herzen der Stadt

Leckere Erdbeeren, direkt aus dem Zentrum von Paris. In nur 30 Quadratmeter großen Containern – sogenannte Cooltainer – wachsen das ganz Jahr über frische Erdbeeren. Dabei wird nicht nur auf den Einsatz von Pestiziden verzichtet: Die Cooltainer kommen dank Hydrokultur bei minimalem Wasser- und Energieverbrauch völlig ohne Erde aus. Gegründet wurde das französische Start-up von zwei „Bauernkindern“: Sie wollen mit ihrem Unternehmen die Landwirtschaft – und damit frisches Obst ohne lange Transportwege – vom Land in die Stadt bringen. Was in Paris ausgiebig und erfolgreich getestet wurde, soll nun auch mitten in Dubai möglich werden.
agricool.co

Städte werden ihren Status als Dreh- und Angelpunkt landwirtschaftlicher Entwicklung in Zukunft noch verstärken.

Lebensmittel werden nicht nur von Bauern auf dem Land produziert, sondern auch von Städteplanern und Architekten von Anfang an eingeplant, um landwirtschaftliche Produktion in urbaner Umgebung zu ermöglichen. Und das nicht nur, wie es schon heute vielfach üblich ist: in verlassenen Gebäuden, in Kellern oder auf Dächern. Auch neue Gebäude werden bereits samt Flächen für die städtische Landwirtschaft konzipiert werden. Um dabei auch ohne großen Energiebedarf auszukommen, sind städteplanerische Synergien notwendig: Die Nutzung von Abwärme der städtischen Industrie oder von Wohnanlagen trägt zur Kreislaufidee des städtischen Anbaus bei.

Foodopolis: Urban ist das neue Regional

Noch sind viele dieser Konzepte im Ideenstadium – wie etwa das Stadtkonzept des ReGenVillage außerhalb von Amsterdam *(regenvillages.com)*. Es sieht künftig ein vollständig geschlossenes Siedlungssystem vor, das nicht nur energie-, sondern auch lebensmittelautark ist. Solche Konzepte befeuern die Fantasie von Architekten und Stadtplanern und stellen sie vor die Herausforderung, urbanen Raum auch als Raum für Landwirtschaft zu denken.

Diese neue Art der Stadtplanung ist dabei nicht nur Aufgabe des öffentlichen Sektors. Die Bewohner einer Stadt sind neben Vertretern der Wirtschaft ebenfalls wichtige Partner für eine urbane Ernährungspolitik: Denn Urban-Food-Konzepte können nur erfolgreich umgesetzt werden, wenn Veränderung als ein dynamischer Prozess verstanden wird, an dem sich von kleinen Community-Projekten bis zu industriellen Indoor-Farming-Unternehmen diverse Akteure beteiligen und ihre Ziele aufeinander abstimmen.

Die am Institut für Agrar- und Gartenbauwirtschaft an der Humboldt-Universität in Berlin entwickelten mobilen „Cubes Circles" lassen erahnen, wie das kurzfristig auch ohne städtebauliche Gesamtkonzepte funktionieren kann: Verschiedene Container, in denen Pflanzen, Fische oder Insekten gezüchtet werden, sind miteinander vernetzt, um nährstoffreiches Fischwasser für die Gemüseproduktion zu nutzen. Die nach der Ernte anfallenden pflanzlichen Rückstände wiederum werden für die Insektenzucht verwendet. Abfälle werden somit stark reduziert und das Container-Konzept erlaubt den flexiblen Einsatz der Cubes in unterschiedlichen Umgebungen *(cubescircle.de)*.

BEST PRACTICE

City Farm Wien
Urban Farming für Jung und Alt

Im Stadtgarten City Farm lässt sich mitten in Wien viel erleben: Quer durch den Park verläuft der „Pfad der Gemüsevielfalt“ mit unterschiedlichen Themenbeeten. In ihnen wachsen viele alte, unbekannte Gemüsesorten, die so während eines gemütlichen Spaziergangs durchs Grüne entdeckt werden können. Zusätzlich engagiert sich das Projekt auch garten-pädagogisch: Übers ganze Jahr hinweg können Besucher an Gartenworkshops, Führungen oder Verkostungen teilnehmen. In diesem „Garten der Kinder“ bietet die City Farm so einen außergewöhnlichen Rahmen, in dem nicht nur gespielt und spaziert werden kann, sondern auch einiges gelernt werden kann: über Kompost und Landwirtschaft, bis hin zu Wurmkisten, Wildbienen oder anderen tierischen Gartenhelfern. Das großzügige Areal (knapp 4.000 Quadratmeter) wird biologisch und nachhaltig bewirtschaftet. Ein optimaler Ort, um den Herstellungsprozess von Gemüse vom „Beet bis auf den Teller“ kennenzulernen – auch mitten in der Großstadt.

cityfarm.wien

Foto: www.cityfarm.wien

BEST PRACTICE

ecoduna
Mit Algen in die grüne Zukunft

Algen können auf ganz unterschiedliche Weise gezüchtet werden – von Vorteil sind aber sicherheitstechnisch vor allem geschlossene Systeme. Genau das leistet der vom österreichischen Unternehmen ecoduna eingesetzte „Photo-Bioreaktor“. Das eigens vom Unternehmen entwickelte System kombiniert zwei Prinzipien aus der Natur: zum einem die Oberflächenvergrößerung, die bei Bäumen zu finden ist, um besonders viel Sonnenlicht für die Photosynthese einzufangen. Zum anderen wird die multiple, photoaktive Schicht von natürlichen Gewässern imitiert. Das Ergebnis ist ein „Hanging Gardens“-Verfahren mit aufrecht stehenden Modulen. Möglich wird damit eine fortlaufende Produktion von Mikroalgen – kontrolliert, sicher und ressourcenschonend. Ecoduna hat inzwischen ein Patent auf diese innovative Technologie. Die ersten Nahrungsergänzungsmittel und Snacks aus dem „Photo-Bioreaktor“ – u.a. Chlorella-Detox-Kapseln oder Spirulina Knusper-Snacks in Zartbitter-Schokolade – können im Online-Shop erworben werden.

ecoduna.com

Foto: copyright by ecoduna AG

BEST PRACTICE

Good Bank
Vertical-Farm-to-Table-Restaurant

Frischer als bei Ema Paulin und Leandro Vergani kann der Salat kaum auf dem Teller landen. In ihrem Restaurant mitten in Berlin gibt es neben Tischen, Stühlen und der Theke etwas, das sonst nur selten im Gastraum anzutreffen ist: An den Wänden hängen vertikale Farmen, entwickelt vom Start-up Infarm, aus denen die Mitarbeiter jeden Tag knapp 100 Salatköpfe ernten können. Diese werden dann kreativ in die verschiedensten Gerichte eingebaut – kürzer ist der Weg vom Feld zum Tisch wohl nirgends. Das Konzept trifft den Zeitgeist: nachhaltig, natürlich, frisch und beinahe ohne Abfall. Kaum verwunderlich, dass Good Banks sogar mit der Silbernen Palme des Leaders Club Award 2017 ausgezeichnet wurde.
good-bank.de

Foto: Good Bank

GOOD
THE

BEST PRACTICE

Dream Greens by AeroFarms
Markenprodukte aus der vertikalen Stadtwirtschaft

Das amerikanische Vertical-Farming-Unternehmen AeroFarms hat mit Dream Greens eine starke Marke für Baby Greens geschaffen, die in zahlreichen Supermärkten in New York und New Jersey eine treue Stammkundschaft gefunden hat: Junges, zartes, geschmackvolles und nachhaltig produziertes Blattgemüse – Kohl, Wasserkresse, Pak Choi, Rucola und zahlreiche andere sogenannte Asia Greens. Die Pflänzchen werden in vertikalen Indoor-Farmen gezüchtet: Das spart nicht nur Platz, sondern auch Wasser und andere Ressourcen. AeroFarms will so die Landwirtschaft revolutionieren und nachhaltiges und lokales Gemüse anbieten – auch und gerade in Städten. Inzwischen verfügt das Unternehmen über vier Standorte in den USA – weitere sind in Planung.
dreamgreens.com; aerofarms.com

Foto: AeroFarms

BEST PRACTICE

Crop One
Frisches Gemüse in der Wüste

Das kalifornische Start-up Crop One errichtet aktuell in Kooperation mit Emirates Flight Catering unweit des Dubai International Airports die größte vertikale Indoor-Farm der Welt. In den kommenden Jahren sollen in der 12.000 Quadratmeter großen Vertical Farm täglich an die 3.000 Kilogramm Blattgemüse, Kräuter und Salate produziert werden, um die Gastronomiebetriebe am Flughafen und das Emirates Flight Catering zu versorgen.
croponeholdings.com

BEST PRACTICE

CSA Biohof Radl
Solidarische Landwirtschaft in der Stadt

„Lebensmittel wieder erleben“ – der Slogan des Biohofs Radl in Wien ist Programm: Konsumenten „pachten“ ein Stück Ackerland, indem sie einen regelmäßigen Beitrag leisten, und erhalten so wöchentlich ihren Ernteanteil zum Selbstabholen auf dem Hof. Zudem gibt es auch Selbsternteparzellen, bei denen im Gegensatz zur Pacht das Gemüse auch selbst bewirtschaftet werden muss. Ziel ist es, Konsumenten wieder mit der Saisonalität und dem Anbau von Gemüse vertraut zu machen. Dazu gibt es Feldarbeitstage, Gemeinschaftsabende und andere Treffen, durch die die Solidarität zwischen den Mitgliedern gestärkt werden soll.
biohof-radl.at

Urban Food – Die Stadt als nachhaltiges Ernährungssystem

Lange Zeit war man überzeugt, dass die Produktion von Lebensmitteln nicht in den Zuständigkeitsbereich einer Stadt fällt. Doch die fast vollständige Verlagerung der Lebensmittelproduktion über die Stadtgrenzen hinaus und damit die Trennung von Produktion und Konsum ist erst eine Folge der Industrialisierung. Nun beginnt ein Umdenken. Kommunen und Unternehmen entdecken die vielfältigen nachhaltigen, sozialen und ökonomischen Potenziale von Urban Food. Befördert durch das rasante Wachstum der Städte und ermöglicht durch neue Technologien, werden neben Landwirten in Zukunft mehr und mehr Stadtbauern die Menschen mit Lebensmitteln versorgen. Produktion, Verarbeitung und Konsum rücken wieder näher zusammen.

Mit der Weltbevölkerung wachsen die Städte

Weltweite Bevölkerung (Milliarden) im Vergleich zur Stadtbevölkerung

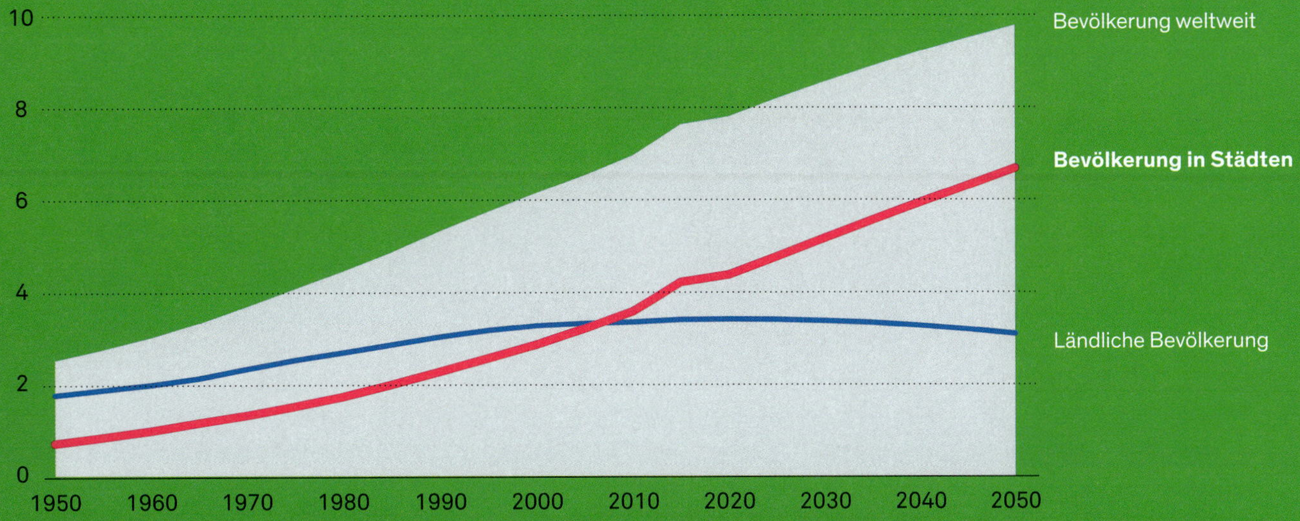

Quelle: United Nations

Die fünf großen Bereiche des Urban-Food-Systems

1 Produktion
2 Verarbeitung
3 Distribution und Konsum
4 Wiederverwerten und Kompostieren
5 Forschen, Lernen und Vernetzen

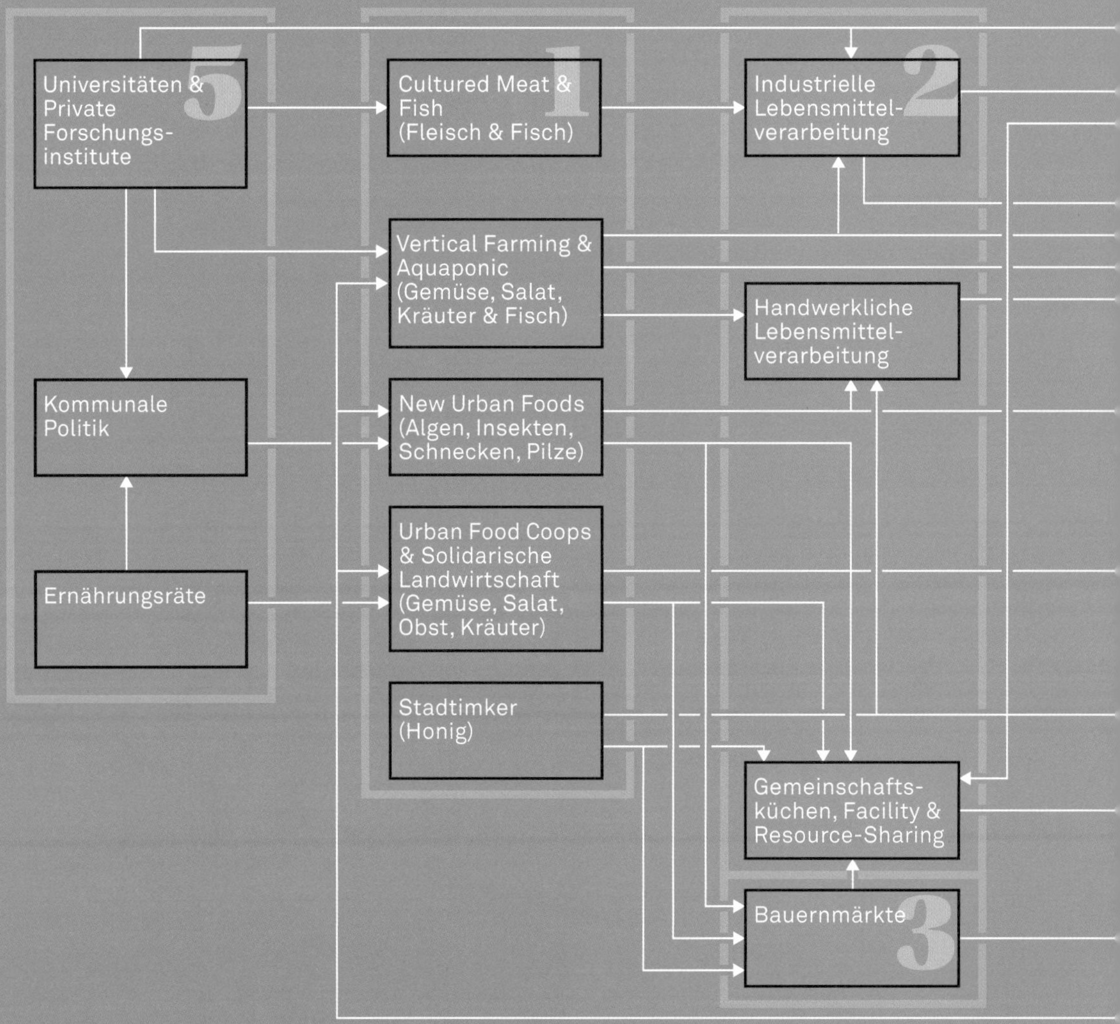

Quelle: futurefoodstudio 2019

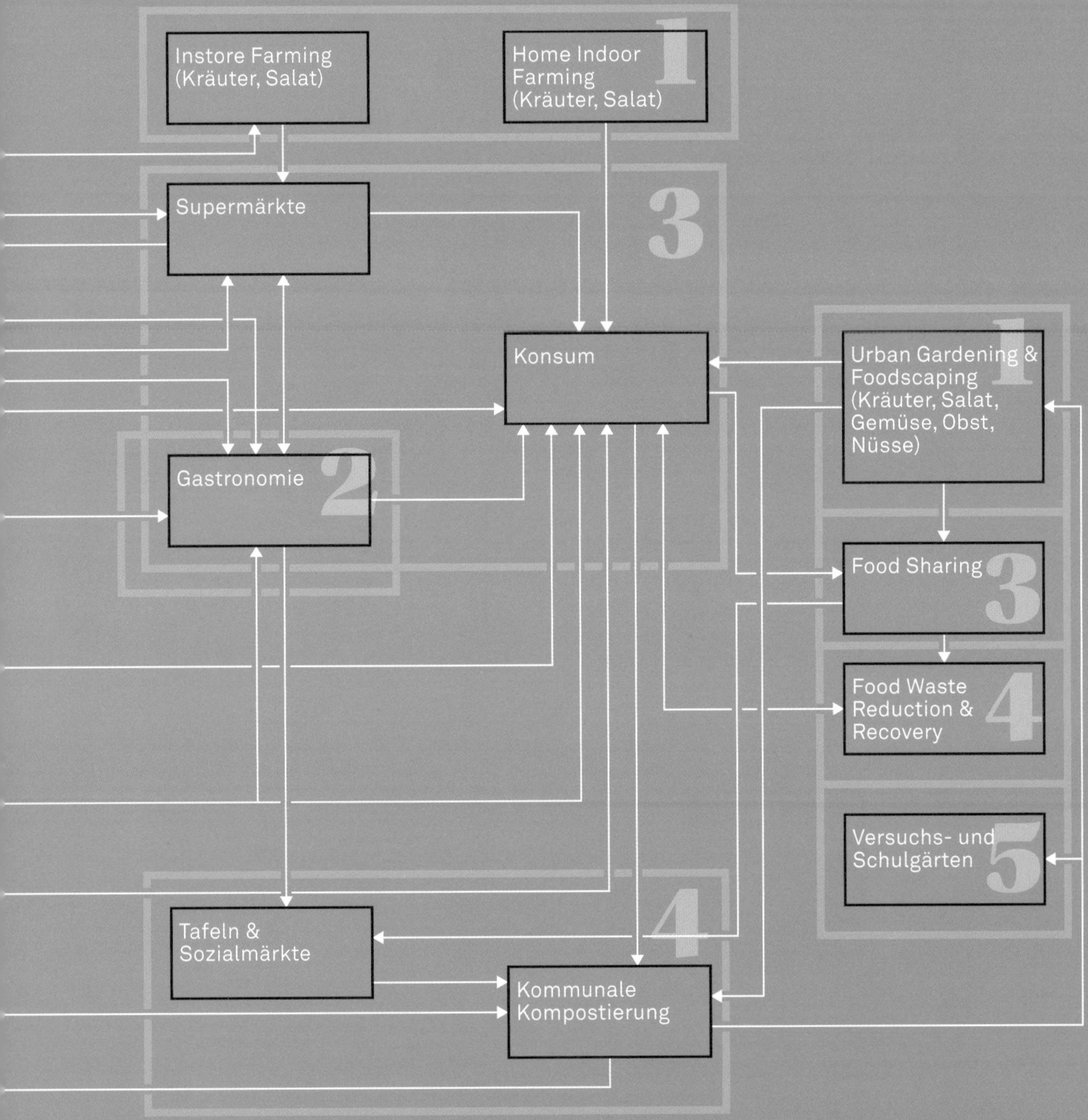
Instore Farming (Kräuter, Salat)
Home Indoor Farming (Kräuter, Salat)
1
Supermärkte
3
Konsum
Urban Gardening & Foodscaping (Kräuter, Salat, Gemüse, Obst, Nüsse)
1
Gastronomie
2
Food Sharing
3
Food Waste Reduction & Recovery
4
Versuchs- und Schulgärten
5
Tafeln & Sozialmärkte
4
Kommunale Kompostierung

Glossar: Lebensmittelproduktion in der Stadt

Urban Farming

Städtische Landwirtschaft kann viele verschiedene Formen annehmen. Neben traditionellen Gemüsebetrieben, Wein- und Obstbauern in der urbanen Peripherie sowie futuristischen Vertical-Farming-Unternehmen zählen dazu auch Urban-Food-Kooperativen. Das Spezielle an den auch unter dem Begriff Solidarische Landwirtschaft (SoLaWi) bekannten Unternehmen ist eine Vereinbarung zwischen Bauern und Konsumenten, in der beide die Verantwortung für die Kosten, das Risiko und die Ernte übernehmen. Der Vertrieb funktioniert ohne Zwischenhandel, entscheidend für die Preisgestaltung ist, dass Anbau und Verarbeitungskosten gedeckt sind. Konsumenten haben abseits von Supermärkten auch die Möglichkeit, eine persönliche Beziehung zu Produzenten aufzubauen.

Vertical Farming

Vertical Farming (dt. Vertikale Landwirtschaft) beschreibt die Technologie, die es möglich macht, in mehrstöckigen Gebäuden (meist Hochhäusern) Obst, Kräuter und Gemüse anzubauen sowie tierische Erzeugnisse zu produzieren. Diese Sonderform der urbanen Landwirtschaft kommt vor allem in hochverdichteten Metropolen und Quartieren zum Einsatz. Sie ermöglicht unabhängig von Wetter und Jahreszeit den Anbau von pflanzlichen Lebensmitteln bei weitgehendem Verzicht auf Herbizide und Pestizide und braucht dabei – im Vergleich zu traditioneller Landwirtschaft – nur einen Bruchteil der Bodenfläche und des Gießwassers. In Kombination mit Fischzucht werden Vertical Farms auch als Aquaponik-Farmen betrieben, da sich die beiden Produktionssysteme gut ergänzen: Das aus der Fischzucht mit Nährstoffen angereicherte Wasser fließt zu den Pflanzen in der Hydrokultur.

Instore & Indoor Farming

Neue Technologien, die bei industriellem Vertical Farming angewandt werden, können auch in kleinerem Maßstab genutzt werden, um in oder auf Gebäuden Salate und Kräuter zu ziehen: Hightech-Schränke für die Kräuterzucht gibt es für Küchen in Privathaushalten und in XXL-Versionen für Supermärkte. Eine Variante des Instore-Farming ist die Nutzung der großen Dachflächen einstöckiger Supermärkte für den Betrieb von Glashäusern.

Urban Gardening & Foodscaping

Urban Gardening bezieht sich in erster Linie auf die Zucht von essbaren Pflanzen in privaten Gärten, auf Terrassen und Balkonen für den Eigenverbrauch. Eine Sonderform ist das Guerilla Gardening: Die – vielfach auch illegale – gemeinschaftliche gärtnerische Nutzung von städtischen Brachflächen. Daraus hat sich in vielen Städten eine weitere Variante unter dem Begriff Foodscaping entwickelt: Die städtische Nahrungsmittelproduktion wird sichtbar gemacht, indem auf urbanen Boulevards oder in Parks essbare Pflanzen angebaut werden statt Ziersträuchern, Blumen und Rasen. Zudem werden vermehrt Obstbäume gepflanzt.

New Urban Foods

Algen, Insekten, Schnecken und Pilze sind zwar genau genommen keine neuen Lebensmittel. Im Zuge der Nachhaltigkeitsdiskussionen und der Renaissance der Lebensmittelproduktion in den Städten gewinnen sie aber eine ganz neue Bedeutung. Für ihre Zucht werden keine landwirtschaftlichen Flächen benötigt. Mikroalgenreaktoren können in Gebäuden errichtet werden, für die Pilz- und Schneckenzucht eignen sich temperierte Kellerräume, und Insekten zum Essen und als Futtermittel (etwa für Aquaponik-Anlagen in Vertical Farms) werden grundsätzlich indoor produziert. Die Honigproduktion durch Stadtimker ist schon seit vielen Jahren ein weltweiter Trend.

Cultured Meat & Fish

Die Produktion von „synthetisch" hergestelltem Fleisch und Fisch im industriellen Maßstab steht kurz vor dem Durchbruch. Schon in wenigen Jahren könnten die ersten Fabriken entstehen, in denen Hühner-, Schweine- und Rindfleisch sowie Fisch durch Methoden der Zellkultur produziert werden. Anders als die traditionelle Viehzucht könnte diese Form der Fleischproduktion in Zukunft also auch in Städten erfolgen.

Vom Landwirt zum Stadtbauer

Neben den „Landwirten" werden also „Stadtbauern" dazu beitragen, die Versorgung der Menschen in den Großstädten mit frischem Gemüse, Obst, Salaten, Pilzen, Fisch, Honig, ja sogar mit Fleisch sicherzustellen. Im Gegensatz zu den Urban Gardeners (vgl. Food-Trend „New Gardening", Food Report 2014, S.28ff.), die in Gemeinschaftsgärten oder auf dem eigenen Balkon ein wenig Obst, Gemüse und Kräuter für den Eigenbedarf anbauen, wollen die „Stadtbauern" mit Urban Farming zur Versorgung der Stadtbevölkerung beitragen. Hierfür bedarf es ausgefeilter technischer Innovationen, um auf kleinem städtischen Raum exzellente Nahrungsmittel herzustellen: In mehrstöckigen Hightech-Farmen mit geschlossenen Kreisläufen werden unabhängig von Saison und Wetter Nahrungsmittel erzeugt.

Vertikale Farmen, schwimmende Ställe, Brutbanken für Insektenzucht, Cultured Meat und Cultured Fish: Was wie Science-Fiction klingt, ist heute zumindest in Ansätzen schon Realität, selbst in Deutschland, Österreich und der Schweiz: Im Salzwasser-Tank gezüchtete Garnelen aus München (vgl. *crustanova.com*), „Tomaten"-Fische aus Aquaponic-Anlagen in Berlin und Wien (vgl. *tomatenfisch.igb-berlin.de*), in geschlossenen Anlagen gezüchtete Mikroalgen oder Insekten verändern zunehmend landwirtschaftliche Berufsbilder und unsere Vorstellungen von Natur und Nahrungsmitteln.

Der Einsatz avancierter Technologien soll dabei nicht nur das Flächenproblem lösen (trotz wachsenden Lebensmittelbedarfs nimmt die Fläche agrarisch nutzbarer Böden ab), sondern auch problematische Belastungen bei der konventionellen Landwirtschaft und Viehzucht beseitigen: den zu hohen Wasserverbrauch, den Einsatz von Pestiziden und Antibiotika, die Produktion von Treibhausgasen, lange Transportwege etc.

BEST PRACTICE

HBLFA Gartenbau
Wirklich coole Salate

Ein Drittel der Landoberfläche der Erde weist Jahresmindesttemperaturen von bis zu fünf Grad Celsius auf und zwei Drittel sind winterlichem Frost ausgesetzt – keine idealen Bedingungen, um saisonunabhängig frisches Gemüse und Salate zu produzieren. Dass dies doch möglich ist, zeigen neue Forschungen an der Höheren Bundeslehr- und Forschungsanstalt für Gartenbau in Wien. Unter der Leitung von Wolfgang Palme werden in der Gemüsebau-Versuchsanlage Zinsenhof völlig neue Anbauverfahren entwickelt. Diese machen es möglich, dass auch im Winter Gemüse frisch geerntet werden kann. Denn vor allem viele Salate, Knollengemüse und Kräuter sind robuster und frostunempfindlicher als gedacht, sodass sie auch ohne Beheizung im Gewächshaus ganz natürlich auf dem freien Feld wachsen können und so die Versorgung mit frischem Gemüse auch in der kalten Jahreszeit und in frostigen Regionen gewährleisten.
gartenbau.at

Foto: Wolfgang Palme

Fotos: ©Brooklyn Grange Rooftop Farm

Erste erfolgreiche Implementierungen solcher Systeme (vor allem in asiatischen Großstädten) sowie frisches Venture Capital in Milliardenhöhe sind Indikatoren dafür, dass sich diese rasch weiterentwickeln und in zehn bis zwanzig Jahren auch zu wirklich relevanten Faktoren bei der Versorgung der urbanen Bevölkerung werden. Unternehmen wie Pure Harvest oder Crop One bauen bereits heute in der arabischen Golfregion riesige vertikale Farmen, um frische, saubere und regionale Lebensmittel zu produzieren *(pureharvest.ae* und *croponeholdings.com)*. In Europa werden von ECF Farmsystems in Berlin und Brüssel aquaponische Systeme mitten in der Stadt errichtet *(ecf-farmsystems.com)*.

Vertikale Farmen, schwimmende Ställe, Brutbanken für Insektenzucht, Cultured Meat und Cultured Fish: Was wie Science-Fiction klingt, ist heute in Ansätzen schon Realität.

BEST PRACTICE

Brooklyn Grange

Farming in the City that never sleeps

Das US-Unternehmen ist ein Pionier in Sachen Dachbewirtschaftung und Intensivbegrünung: Auf zwei Dächern in New York betreibt es die weltweit größten Rooftop-Farmen und produziert pro Jahr fast 23 Tonnen biologisch angebautes Obst und Gemüse. Zusätzlich besitzt das Unternehmen auch über 30 Bienenstöcke auf diversen Dächern, um Honig für die Stadt herzustellen. Besucher können an Führungen oder Workshops zum Thema Essen, Anbau und Nachhaltigkeit teilnehmen. Natürlich werden die frischen Produkte auch lokal auf Märkten oder im Handel verkauft.
brooklyngrangefarm.com

Das neue Saisonal: Immer und überall

Ein wirtschaftlich wichtiges Verkaufsargument ist, dass die Ernte mehrmals im Jahr und unbeeinflusst von Wetterkapriolen und Klimaveränderungen erfolgen kann. Darüber hinaus sind Produkte aus sogenannter „Controlled Environment Agriculture“ (CEA), also in geschlossenen Systemen, in Glashäusern oder Vertical Farms gezogene Pflanzen oder Tiere, nicht nur lokal und frisch. Sie werden in vielen Ländern auch als Bio-Produkte ausgezeichnet, selbst wenn sie keinen „Boden“ brauchen, dessen besondere Pflege bislang ein zentrales Kriterium für die biologische Landwirtschaft war.

Begriffe wie Bodenqualität, Licht, Wasser oder Düngemittel, die bis heute eng mit der Landwirtschaft und der Natur verankerte Konstanten waren, erfahren durch Urban Farming und Urban Livestock ganz neue Dimensionen. In aquaponischen oder aeroponischen Systemen werden die Wurzeln mit einer Substratflüssigkeit oder einem Nebel aus Wasser und Nährstoffen bewässert. Da die Pflanzen

Urban Food verändert unser Verständnis von Bio, wie wir es bisher kannten.

ohne Erde in einem geschlossenen, kontrollierten Raum aufwachsen, kann nicht nur auf Pestizide weitgehend verzichtet werden, auch klimatische Rahmenbedingungen spielen dabei kaum mehr eine Rolle, sodass mitten in europäischen Städten bald auch Früchte produziert werden können, die bislang nur nach langen Transportwegen um den halben Globus unsere Supermarktregale erreichen. Dass keine Erde benötigt wird, ist eine Sache. Dass zudem die Luftqualität sowie das Licht optimal an die Bedürfnisse der Pflanzen angepasst werden, die andere. Urban Farming ist durch den Einsatz von UV-Strahlen in der Regel komplett keim- und sporenfrei. Mit Bio, wie wir es kennen, hat das tatsächlich nur mehr wenig zu tun. Aber in den Zeiten von „Fridays for Future" sind vor allem für junge Konsumenten zukunftsfähige Maßnahmen für den Klimaschutz und innovative Technologien wichtiger als formale Bio-Kriterien.

BEST PRACTICE

Skyfarm
Landwirtschaft im Hochhaus

Das Skyfarm-Projekt des Londoner Architekturbüro Rogers Stirk Harbour + Partners ist eine von vielen futuristischen Visionen einer zukünftigen urbanen Landwirtschaft in hoch verdichteten Städten. Die Struktur des Farmscrapers folgt konstruktiv dem sogenannten Tensegrity-Prinzip, wobei Bambuselemente verwendet werden, um das räumliche System und seine kreisförmige Form des Gebäudes zu definieren. Die offene Struktur garantiert direktes Licht auf jeder Ebene, Regenwasser wird in einem Tank auf dem Dach gesammelt und zur Bewässerung der nach dem Aquaponic-Prinzip funktionierenden Farm genutzt. Für ausreichende Energie sollen Windturbinen an der Spitze des Gebäudes sorgen. Skyfarm ist momentan erst eine Vision – zeigt jedoch, wie Landwirtschaft künftig organisch in unsere Städte integriert werden kann.
rsh-p.com

Foto: Andrew Partridge, Senior Associate at Rogers Stirk Harbour and Partners (RSHP), Rogers Stirk Harbour + Partners (RSHP)

Foto: Michael Scheer

BEST PRACTICE

Gemüsewerft Bremen
Inklusive urbane Landwirtschaft

Die Rückgewinnung landwirtschaftlicher Kompetenzen, der Anbau von stadtwirtschaftlichen Erzeugnissen und eine grüne und inklusive Stadtentwicklung – das sind die Ziele der Gemüsewerft mitten in Bremen. Nicht-erwerbsfähigen Menschen mit Behinderungen wird mit der Arbeit in der urbanen Landwirtschaft soziale Teilhabe ermöglicht. Gleichzeitig möchte das gemeinnützige Projekt saisonale und regionale Landwirtschaft wieder in die Städte zurückholen und die Möglichkeit zu einem naturnahen Aufenthalt für Besucher bieten. Mit Erfolg: Die Gemüsewerft baut inzwischen an drei Standorten mit insgesamt 8.000 Quadratmetern in über 1.000 Palettehochbeeten Hopfen, Gemüse und Kräuter an.
gemüsewerft.de

Eine kurze Geschichte von Urban Food

Jahrtausendelang haben Menschen ihre Lebensmittel dort produziert, wo sie lebten – auch in den Städten. Erst die wissenschaftlichen und technologischen Innovationen im Zuge der Industriellen Revolution ab der zweiten Hälfte des 18. Jahrhunderts (v.a. synthetische Dünger, Transportmittel, Kühlsysteme) führten zur radikalen Trennung von Leben in den Städten und Lebensmittelproduktion auf dem Land. Neue Technologien und die damit einhergehende Umgestaltung der wirtschaftlichen und sozialen Verhältnisse tragen in Zukunft dazu bei, die Distanz zwischen Produzenten und Konsumenten wieder – nicht nur räumlich – zu verringern.

Ab 1600
Der Anbau von Obst und Gemüse ist bis zum Beginn des 20. Jahrhunderts auch in vielen nicht-mediterranen Städten Europas ein zentraler Bestandteil urbaner Wirtschaft. Am spektakulärsten in der französischen Stadt Montreuil: 600 Kilometer lange Mauern, errichtet, um Obstbäume zu ziehen und die Wärme der Mauern zu nutzen, durchziehen noch Ende des 19. Jahrhunderts die Stadt.

1716
Marten Trifvald baut für ein Treibhaus in Newcastle die erste bekannte Warmwasser-Zentralheizung. Jedoch erst ab den 1830er Jahren findet die Dampfheizung bei Gewächshäusern größere Verbreitung.

Um 1800
Albrecht Daniel Thaer entwickelt nach seinen Studien in England erste systematische Ideen zur rationellen Landwirtschaft und gründet in Berlin das erste universitäre Landwirtschaftsinstitut.

Um 1850
Innerstädtische Gärtnereien beschäftigen in London bis zu 35.000 Menschen. Auch bis zu 20.000 Kühe werden innerhalb der Stadt gehalten. Der Einsatz von Maschinen in der Landwirtschaft und zum Transport von Lebensmitteln führt in den kommenden Jahrzehnten jedoch zur weitgehenden Auslagerung der Lebensmittelproduktion aus der Stadt.

3500 v. Chr.
Erste Belege für die städtische Landwirtschaft stammen aus Mesopotamien. Und obwohl es für die legendären „Hängenden Gärten von Babylon", eines der sieben Weltwunder der Antike, keine archäologischen Beweise gibt, gilt die Existenz aufwendiger Gärten und Bewässerungssysteme in mehreren alten mesopotamischen Zitadellen als wahrscheinlich.

100 n. Chr.
Den ersten Hinweis auf den Anbau von Pflanzen in Kübeln, deren Überwinterung in eigens dafür konstruierten Gebäuden und die zeitweise Kultur unter Glas gibt der römische Schriftsteller Columella in seinem Standardwerk zur Führung eines landwirtschaftlichen Betriebs „De re rustica".

1100 bis 1400
Die Azteken bauen komplexe künstliche Garteninseln (Chinampas), um Pflanzen in sumpfigen Gebieten in der Nähe von Seen anzubauen. Um das Wachstum des expandierenden aztekischen Reiches aufrechtzuerhalten, werden sie in großem Maßstab auch in städtischen Siedlungen umgesetzt.

ab 1550
An europäischen Fürstenhöfen entstehen die ersten Orangerien, um Zitruspflanzen zu ziehen.

1898
Als Reaktion auf die schlechten Wohn- und Lebensverhältnisse sowie die steigenden Grundstückspreise in den stark gewachsenen Städten im industrialisierten England entwickelt Ebenezer Howard sein Modell der Gartenstadt, die anteilige Wohn-, Industrie- und Landwirtschaftsflächen enthalten soll.

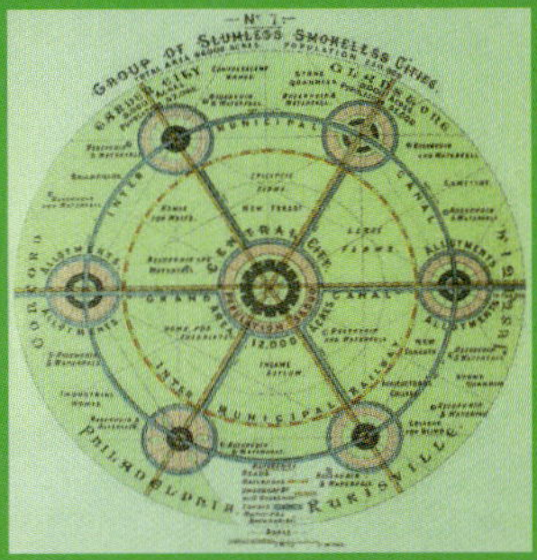

1915 bis 1945
Um die Nahrungsmittelversorgung in den Kriegs- und Zwischenkriegsjahren zu verbessern, fördern viele Länder „Siegesgärten", „Kriegsgärten" oder Gärten, die von Bürgern auf privaten und öffentlichen Brachflächen eingerichtet werden. In den USA sind die Victory Gardens im Jahr 1943 für etwa 41 Prozent aller konsumierten Gemüseprodukte verantwortlich.

1919
Im Zuge der Krisenlage in Deutschland nach dem Ersten Weltkrieg entwickelt Leberecht Migge das „Grüne Manifest", das die Nutzung von städtischen Freiflächen für den Gemüseanbau und das Prinzip der Selbstversorgung der Stadt fordert. Es enthält mit dem Hinweis auf die stoffliche Verwertung kommunaler Abfälle auch erste Ideen zu einer ökologischen Kreislaufwirtschaft.

1929
William F. Gericke, Agrarwissenschaftler an der University of California, Berkeley, beschreibt als erster die Grundlagen moderner Hydrokulturen und prägt 1937 den Begriff „Hydroponik“ (in Abgrenzung zum Begriff Aquakultur, der bereits zur Beschreibung von Fischzuchttechniken verwendet wird).

1940
Im Zweiten Weltkrieg werden erstmals in der modernen Geschichte hydroponische Anbausysteme in großem Maßstab eingesetzt. Mehr als 8.000 Tonnen frisches Gemüse werden auf den Südpazifikinseln hydroponisch produziert, um die dort stationierten alliierten Streitkräfte zu versorgen.

1970
In niederländischen Glashäusern kommen die ersten computerunterstützten Systeme zum Einsatz, die die Temperatur in den Glashäusern automatisch regeln.

2007
In Kameoka bei Kyoto in Japan entsteht die erste kommerzielle Vertical Farm mit einem funktionellen und effektiven Lichtnetzwerk für Indoor Farming.

2008
Die weltweite Wirtschaftskrise dynamisiert die Urban-Gardening-Bewegung.

2009
Prinzessinnengärten: Eine riesige Brachfläche mitten in Berlin wird von Anwohnern und Urban-Gardening-Aktivisten in einen Nutzgarten verwandelt und gilt bis heute als Urban-Food-Leuchtturm-Projekt.

2012
Sky Greens eröffnet in Singapur die erste kommerziell betriebene Vertical City Farm und bewirtschaftet heute über hundert neun Meter hohe, mit Sonnenlicht und Regenwasser betriebene Glashaus-Türme, die den Stadtstaat mit verschiedenen Blattgemüsen versorgen.

Foto: WS ReNu, CC BY-SA 4.0

Foto: Assenmacher, CC BY-SA 3.0

Foto: Orin Zebest from San Francisco, CA, USA, CC BY 2.0

1973
Der amerikanische Philanthrop Stewart Mott macht mit dem beeindruckenden Rooftop Garden über seinem Park Avenue Penthouse Furore, indem er große Mengen an Wurzelgemüse, Salaten und Pfirsichen anbaut und in New York eine Rooftop-Gardening-Welle auslöst.

1985
McMurtry und Sanders entwickeln unter dem Namen „Integrated Aqua-Vegeculture System“ ein kommerzielles Aquaponiksystem, welches die Ausscheidungen von Buntbarschen durch Algen und Bakterien auf Sandfiltern für die Aufzucht von Tomatenpflanzen aufbereitet.

Ab 1990
Die in den USA praktizierte Idee der Community Gardens schwappt in den 1990er Jahren auch nach Europa. Berlin wird zum Zentrum der Bewegung, die Brachflächen besetzt und in tatkräftiger Gemeinschaftsarbeit entmüllt, um Blumen, Gemüse und Kräuter zu pflanzen.

2003
Das Deltapark-Projekt in Rotterdam sieht erstmals ein umfassend zirkulatives Urban-Farming-Gebäude vor, in dem nicht nur Pflanzen, sondern auch Pilze, Hühner und Schweine gezüchtet werden sollen. Die Realisierung des Projektes scheitert jedoch am Widerstand der Bevölkerung.

2012
Anders als in Europa (ausgenommen Schweden, Finnland und Dänemark) müssen in Kanada und den USA Pflanzen nicht in der Erde wachsen, um als Bioprodukte anerkannt zu werden.

2014
Whole Foods eröffnet seine ersten großen Rooftop-Farms auf dem Supermarkt in Lynnfield sowie in New York.

2015
Hundert Städte verpflichten sich im Rahmen des „Milan Urban Food Policy Parts“ (MUFPP) bei der Weltausstellung in Mailand, ihre Ernährungssysteme in Richtung Nachhaltigkeit zu entwickeln.

2017
Mit Badia Farms nimmt die erste Vertical Farm in den Vereinigten Arabischen Emiraten ihren Betrieb auf.

Foto: Badia Farms

Urbaner Honig und zelluläre Landwirtschaft

Auch zwischen diesen beiden Polen, den Urban Gardeners und den Urban Farmers, gerät gerade in den Städten viel in Bewegung: Etwa bei der „Entdeckung" von essbaren Pflanzen, die selbst unter Frostbedingungen gedeihen und auch im Winter in Gärten, auf Balkonen und Terrassen geerntet werden können. Oder bei der Suche nach anderen Ausgangsprodukten für Lebensmittel - von Mikroalgen über Insekten und Pilze bis In-vitro-Fleisch –, für die es gar keine agrarischen Flächen, auch keine Weiden und Ställe mehr braucht. Ebenso wenig wie für die Produktion von Honig. Während das Bienensterben - mitverursacht durch den Einsatz von Pestiziden in der intensiven Landwirtschaft - in den ländlichen Regionen ein immer dringlicheres Problem darstellt, wächst die Zahl der Stadtimker und ihrer Bienenvölker in vielen europäischen Städten rasant. An die 200 Millionen Bienen von über 700 Imkern leben allein in Wien in Kleingärten, in den großen Parks von Schönbrunn oder dem Belvedere. Und sie machen es sich immer mehr auch auf Dächern und Terrassen bequem: am Rathaus, auf der Staatsoper oder den riesigen Dachflächen der neuen Wirtschaftsuniversität. Zudem profitieren sie von der städtischen Biodiversität, die ihnen Profi- und Hobbygärtner offerieren.

Auch bei der Weiterverarbeitung von Lebensmitteln sind immer mehr Städter erfolgreich. Dass die Craft-Bier-Brauerei nicht auf dem flachen Land stehen muss, ja, dass selbst eine gute Käserei nicht die schöne Aussicht auf Alpengipfel braucht (vgl. die Stadtkäserei Lingenhel in Wien, Food Report 2018, S.29), hat sich längst herumgesprochen. Auch Food-Coops boomen bei urbanen Konsumenten. Hierbei schließen sich Endverbraucher direkt und selbstorganisiert mit lokalen Produzenten zusammen. Saisonale Lebensmittel direkt vom Stadtbauern oder der Gärtnerei am Stadtrand zu beziehen ist zwar kein Mainstream-Phänomen, aber ein weiterer Puzzlestein der Urban-Food-Bewegung: Sie speist sich aus dem persönlichen Engagement kritischer Konsumenten, die sich für solidarische Land- und Stadtwirtschaft ebenso einsetzen wie für soziale Tafeln oder für die Gründung von kommunalen Ernährungsräten. Dazu kommen Initiativen und

Foto: Ponix Systems

BEST PRACTICE

Ponix Systems
Das essbare Bild im Wohnzimmer

Vertical Farming im Mikroformat? Lebendes Einrichtungs-Accessoire? Blickfang fürs Auge? Herbert ist alles in einem: ein mit LEDs beleuchteter Bilderrahmen, mit dem man das ganze Jahr über Gemüse und Kräuter an der eigenen Wohnzimmerwand anbauen kann. Ob Chili, Minze, Salate, Oregano, Erdbeeren oder Thymian, Herbert kümmert sich fast selbstständig um die Pflanzen. Das Unternehmen will so einen möglichst umweltfreundlichen Kräuter- und Gemüseanbau im urbanen Zuhause ermöglichen, unterstützt durch neueste Technologien. Das ist dank dem innovativen Start-up Ponix Systems aus Österreich nun auch für all jene ohne grünen Daumen möglich: Die dazugehörige App kontrolliert Wasserverbrauch und Lichtzufuhr und meldet, wann Herbert gegossen werden muss.
ponix-systems.at

Unternehmen, die sich mit der Verwertung überschüssiger Lebensmittel befassen, die bislang im Abfall gelandet sind.

Ernährungspolitik ist Kommunalpolitik

Spätestens der „Milan Urban Food Policy Pact" (MUFPP), der 2015 bei der Weltausstellung in Mailand verabschiedet wurde, hat Ernährung auch wieder auf die Agenda der offiziellen Kommunalpolitik gesetzt. Der Pakt ist vermutlich das, was am nachhaltigsten von der Expo im Gedächtnis bleiben wird: Inzwischen haben sich 184 Städte weltweit mit der Unterzeichnung dazu verpflichtet, ihre Ernährungssysteme in Richtung Nachhaltigkeit zu entwickeln. Um das zu erreichen, wollen sie eine kommunale Ernährungspolitik installieren und behörden- und themenübergreifend Ernährung in andere kommunalpolitische Felder integrieren (vgl. *milanurbanfoodpolicypact.org)*. Die im Zuge dessen in vielen Städten entstehenden Ernährungsräte (in Deutschland zunächst in Berlin und Köln, mittlerweile auch in mehreren anderen deutschen Städten sowie in Wien) verstehen sich dabei als wichtige Instrumente der kommunalen Ernährungspolitik. Durch politischen Aktivismus und klare Zielsetzung auf kommunaler Ebene können nachhaltige Projekte leichter umgesetzt werden, da – so die Überlegung – die Bevölkerung auf städtischer Ebene einen erheblich größeren Einfluss auf die Entscheidungsfindung hat als auf staatlicher oder internationaler Ebene (vgl. *ernaehrungsraete.de)*.

BEST PRACTICE

Sunqiao District, Shanghai
Ein ganzer Stadtteil für die Landwirtschaft

Das derzeit wohl ambitionierteste Urban-Farming-Projekt in großem Stil soll in Shanghai entstehen. Die Architekturfirma Sasaki errichtet einen ganzen Stadtteil, in dem Gemüse für die Millionenstadt erzeugt werden soll. Darüber hinaus geht es aber vor allem um die Zelebrierung des Nahrungsmittelanbaus als eine der wichtigsten Funktionen von Städten: Kinder lernen, wo Essen seinen Ursprung hat, städtisches Leben wird zu einem landwirtschaftlichen Erlebnis. Neben Vertical Farming sollen auch Verarbeitungsbetriebe und ein biotechnologisches Forschungs- und Entwicklungszentrum entstehen. Die Pläne für dieses Mega-Bauprojekt warten allerdings noch auf den Startschuss seitens der Stadt, um umgesetzt zu werden.
sasaki.com

Foto: Image Courtesy of Sasaki

BEST PRACTICE

Badia Farms
Die grüne Oase in Dubai

Frische Kräuter mitten in der Wüste: Badia Farms macht es möglich. Das Unternehmen produziert in Dubai Micro Greens für jeden Geschmack. Frisch, pestizidfrei und das ganze Jahr über erhältlich, wachsen in der vertikalen Farm verschiedene Pflanzen, bewirtschaftet mit der neuesten Technologie. Mit über 2.700 Kilogramm an Kräutern täglich steuert die Firma so ihren Beitrag zu einer nachhaltigen Landwirtschaft auf der Arabischen Halbinsel bei.
badiafarms.com

BEST PRACTICE

Plenty
Plants. People. Planet.

Das Indoor-Farming-Start-up Plenty aus South San Francisco hat es sich zum Ziel gesetzt, durch Vertical Farming und den Anbau von Gemüse und bald auch Obst die negativen Folgen der globalen Landwirtschaft zu reduzieren. Die Indoor-Farmen kommen mit einem Bruchteil der Energie- und Wassermenge aus, die für den herkömmlichen Anbau von landwirtschaftlichen Produkten benötigt wird, und erreichen gleichzeitig bis zu 350-mal mehr Ertrag pro Quadratmeter als die traditionelle Landwirtschaft. Die Indoor-Farmen von Plenty sind strategisch clever in der Nähe von Gastronomiebetrieben gelegen und ermöglichen eine Lieferung frischer, pestizidfreier Produkte noch am selben Tag.
plenty.ag

Foto: Badia Farms

Fazit
URBAN FOOD

Städte sind auch künftig die präferierte Lebens- und Kulturform für viele Menschen. Mit der zunehmenden Verstädterung der Welt wird Urban Agriculture auf einem höheren, wissenschaftlich fundierten Niveau mehr Bedeutung gewinnen als je zuvor in unserer Geschichte.

Weltweit sind innovative Unternehmen und Urban-Gardening-Initiativen auf dem Weg, die Lebensmittelproduktion in die Städte zu integrieren.

Foto: Lisa Fotios, pexels.com

Konzepte für ökologische Kreislaufsysteme werden die Akzeptanz von Produkten aus urbaner Landwirtschaft inklusive Cultured Meat aus In-vitro-Produktion positiv beeinflussen.

Zugleich erarbeiten klimabewusste Prosumenten urbane Subsistenz-Szenarien und knüpfen Netzwerke, um das Vertrauen zwischen Erzeugern und Verbrauchern wiederherzustellen sowie Lebensmittelüberschüsse sinnvoll zu nutzen. Sie sind die „Game-Changer“ für die Transformation: nicht nur unserer Lebensmittelproduktion, sondern auch unserer Esskultur.

BEYOND PLASTIC

THEMEN-
SCHWERPUNKT

Foto: veeterzy, pexels.com

Die Zukunft der Lebensmittel-verpackung

Wir leben in der „Plastikzeit“: Nützliche Produkte aus Kunststoff umgeben uns, aber auch immenser Plastikmüll. Die radikale Wende der Abfallproduktion unserer Konsumkultur ist noch nicht in Sicht. Doch spätestens die Erkenntnis, dass wir tagtäglich winzige Plastikteilchen über die Nahrung zu uns nehmen, macht den Handlungsbedarf klar und deutlich. Langsam aber sicher wird der Anhäufung von immer weiter wachsenden Plastik- und Abfallbergen der Kampf angesagt. Nicht zuletzt wird die im Frühjahr 2019 vom EU-Parlament verabschiedete Plastikstrategie das Bewusstsein der Konsumenten stärken, aber vor allem auch die Hersteller in die Pflicht nehmen. An Alternativen zu herkömmlichen Plastikverpackungen wird geforscht und einige vielversprechende Produkte und Lösungen existieren bereits – nun gilt es, diese aus der Nische zu holen und ihre Massentauglichkeit zu testen. Der Weg in die Post-Plastic- und Zero-Waste-Ära ist noch lang – je früher wir die Reise starten, desto besser.

Foto: veeterzy, pexels.com

Plastik ist überall: Weltweit werden Unmengen an Plastik produziert und verarbeitet. Das bunte Material ist längst Teil unseres Alltags geworden. Seit den 1990er Jahren hat sich die globale jährliche Kunststoffproduktion um das Dreifache auf circa 340 Millionen Tonnen erhöht (Buranyi 2018). Autos und Flugzeuge bestehen heute zu fast 50 Prozent aus Kunststoff, und mehr als die Hälfte aller Kleider wird heute aus Nylon oder Polyester gefertigt (Buranyi 2018). Und fast alles, was wir kaufen, ob Gebrauchsgegenstände oder Lebensmittel, ist in Plastik verpackt.

Das hat bis vor kurzem – jenseits von exzentrischen Umweltschützern – kaum jemanden gestört. Noch vor drei Jahren war Plastikmüll – genau wie der Klimawandel oder Antibiotikaresistenzen – ein Problem, das zwar weitgehend als solches erkannt wurde, gegen das aber nur wenige Menschen wirklich etwas unternehmen wollten. Selbst einflussreiche Umweltorganisationen wie Greenpeace, WWF oder Friends of the Earth hatten bis 2015 keine expliziten Anti-Plastik-Kampagnen.

Wenn Plastikteilchen unsere Nahrung kontaminieren, blicken wir besonders genau darauf, wie die Food & Beverage-Branche mit Kunststoff umgeht.

Plastik: Vom Segen zum Fluch

Heute aber, so scheint es, ist alles anders: Eine weltweite Rebellion gegen das Material, das tagtäglich unser Leben prägt, ist ausgebrochen. Eine Rebellion, an der sich Umwelt-NGOs, internationale Organisationen wie die UNO, die EU-Kommission sowie Regierungen in seltener Einigkeit beteiligen. Dabei ermöglichte erst der Kunststoff die billige und stets verfügbare Warenvielfalt, auf der unser moderner Lebensstil fußt. Vom Segen für die Verbraucherkultur ist Plastik in der öffentlichen Wahrnehmung zur selbstgeschaffenen Plage mutiert. Dieses Bewusstsein ist jedoch nur langsam gewachsen. Richtig Drive erhielt die Debatte erst durch neue Erkenntnisse über Mikroplastik-Partikel, die in unzähligen, von uns allen genutzten Produkten (u.a. in Kosmetika, Reinigungsprodukten, Babywindeln, Damenbinden) zum Einsatz kommen und über Umwege wieder in unserer Nahrung landen. Nicht nur in Meeresfischen, auch in Mineralwasser und Bier wurde schon Mikroplastik gefunden.

Veränderungen in der Gesellschaft werden grundsätzlich durch zwei große Parameter vorangetrieben: durch Visionen und durch Dringlichkeit. Die im Zuge des Megatrends Neo-Ökologie auf verschiedenen Ebenen entwickelten Visionen für neue, zukunftsoptimistische Lösungen und Adaptionen, die nicht primär verzichtsorientiert sind, treffen heute plötzlich auch auf eine besondere Brisanz: Wenn Plastik wieder in unserer Nahrung landet, wird der bekannte Slogan „Don't throw it away, there is no away" definitiv für alle zur Gewissheit.

Plastik essen? Nein danke!

Haben wir den Müll, den Plastik hinterlässt, lange nur als ärgerlich wahrgenommen, so sehen wir ihn nun als Gefahr, als unmittelbare Bedrohung unseres Lebens. Anders als die Plastikflaschen, -dosen und -trinkhalme, die unsere Urlaubsstrände verschmutzen, können mikroskopisch kleine Plastikteilchen nicht einfach eingesammelt werden, um das Problem zu lösen.

Weder Regierungen noch Unternehmen können darüber hinwegsehen. Vor allem Lebensmittelproduzenten und der Handel geraten bei diesem emotional besetzten Thema unter Handlungsdruck. Wenn Plastikteilchen unsere Nahrung kontaminieren, blicken wir intuitiv besonders genau darauf, wie Unternehmen der Food & Beverage-Branche mit Kunststoff umgehen. Sie müssen daher rasch Lösungen finden – und diese konsequent umsetzen. Und für die Verbraucher heißt es nicht zuletzt, sich mit ihrem persönlichen Konsumverhalten auseinanderzusetzen. Schließlich sind es nicht nur die schon seit längerem kritisierten Einkaufstüten, die das Plastikproblem erzeugen: Beinahe alle frischen und viele verarbeitete Lebensmittel landen samt ihren Kunststoffverpackungen in Supermärkten – wo wir sie auswählen und in unsere Haushalte tragen.

BEST PRACTICE

MakeGrowLab
Essbare Verpackungen

Das polnische Start-up MakeGrowLab unter der Leitung der Designerin Roza Janusz entwickelt eine Alternative zu Lebensmittelverpackungen aus Kunststoff namens Scoby (kurz für „Symbiotic Culture Of Bacteria and Yeast"). Das Material ist eine aus agroindustriellen Nebenprodukten durch Fermentierung gewonnene Membran, die nach Gebrauch gegessen oder komplett kompostiert werden kann. Die Herstellungsmethode ähnelt dem traditionellen Gärprozess für Kombucha oder Kefir. Die erzeugte Membran eignet sich zur Verpackung und Lagerung von Obst, Gemüse und Salaten. Scoby ist durchsichtig und kann einfach geformt werden. Zusätzlich absorbiert das Material Gerüche – ein weiterer Vorteil hinsichtlich der breiten Anwendung in der Lebensmittelindustrie. Vorerst nur als Prototyp und für Testzwecke erhältlich, arbeitet MakeGrowLab aktuell daran, den Herstellungsprozess auch für die industrielle Fertigung weiterzuentwickeln, um auch preislich mit konventionellen Verpackungen konkurrieren zu können.
makegrowlab.com

Foto: MakeGrowLab

Die Zukunft der Lebensmittelverpackung

Noch nie wurden so viele Verpackungen verwendet wie heute. Inhaltsstoffe und Design sind nicht für echte – technische oder biologische – Stoffkreisläufe optimiert und belasten damit in großem Ausmaß die Umwelt. Neben der Verringerung von Verpackungen, der Verwendung von Mehrwegbehältnissen und alternativen, nicht kunststoffbasierten Verpackungen geht es in Zukunft vor allem darum, Kunststoffverpackungen zu entwickeln, deren Bestandteile ohne Qualitätseinbuße wiederverwertet werden können oder sich völlig biologisch abbauen lassen. In die Zukunft der Lebensmittelverpackung führt also nicht nur ein Weg.

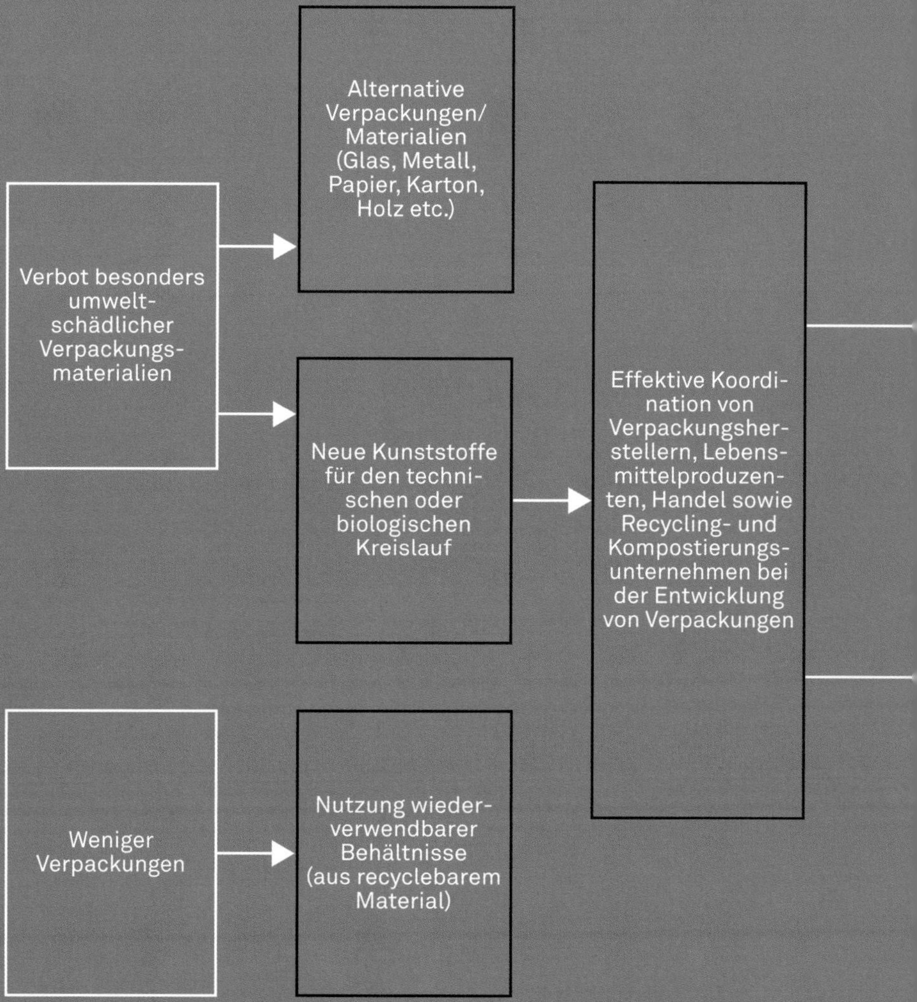

Quelle: futurefoodstudio 2019

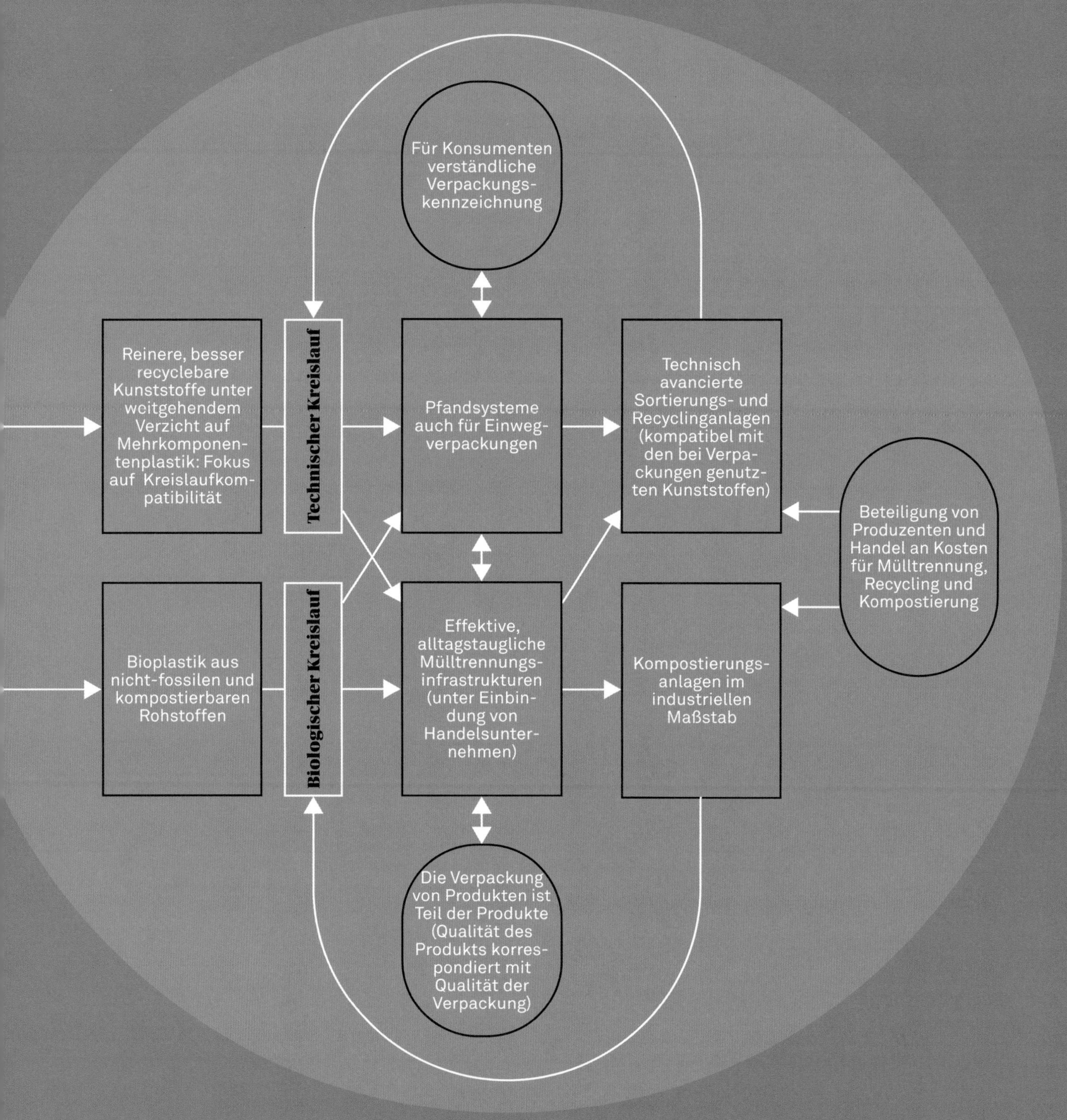
Für Konsumenten verständliche Verpackungs-kennzeichnung
Technischer Kreislauf
Reinere, besser recyclebare Kunststoffe unter weitgehendem Verzicht auf Mehrkomponen-tenplastik: Fokus auf Kreislaufkom-patibilität
Pfandsysteme auch für Einweg-verpackungen
Technisch avancierte Sortierungs- und Recyclinganlagen (kompatibel mit den bei Verpa-ckungen genutz-ten Kunststoffen)
Beteiligung von Produzenten und Handel an Kosten für Mülltrennung, Recycling und Kompostierung
Biologischer Kreislauf
Bioplastik aus nicht-fossilen und kompostierbaren Rohstoffen
Effektive, alltagstaugliche Mülltrennungs-infrastrukturen (unter Einbin-dung von Handelsunter-nehmen)
Kompostierungs-anlagen im industriellen Maßstab
Die Verpackung von Produkten ist Teil der Produkte (Qualität des Produkts korres-pondiert mit Qualität der Verpackung)

BEST PRACTICE

HALM und Wisefood
Plastikfreie Trinkhalme

Trinkhalme aus Plastik sind ab 2021 EU-weit verboten. Kein Wunder, schließlich landen jeden Tag Milliarden Einweg-Trinkhalme nach kurzem Gebrauch direkt im Müll – und letztendlich als Mikroplastik-Partikel im Meer und in unseren Lebensmitteln. Alternativ gibt es nun wiederverwendbare und spülmaschinentaugliche Trinkhalme aus Edelstahl oder auch aus Glas, wie sie das Berliner Start-up HALM herstellt. Oder essbare Trinkhalme aus nachwachsenden Rohstoffen: So bieten die jungen Gründer von Wisefood einen Trinkhalm aus Getreide, Apfelfasern und Stevia. Für die Herstellung des „Superhalm" wird Apfeltrester verwertet, ein Abfallprodukt aus der Apfelsaftproduktion. Die Trinkhalme haben einen süßen und leicht sauren Geschmack. Je länger der Trinkhalm im Getränk bleibt, desto weicher wird er. Ob wiederverwendbar oder essbar – sie sind eine nachhaltige Variante zum herkömmlichen Plastik-Halm.
halm.co; wisefood.de

Foto: HALM; Fotograf: Toni Hauschild

Gutes Plastik, böses Plastik

Im Fokus der Kritik stehen vor allem Einwegprodukte: Tragetaschen aus Materialien, die sehr schnell fragmentieren, aber biologisch nicht oder nur schwer abgebaut werden und daher wieder in der Nahrungskette landen: Getränkeflaschen, Verpackungen, Trinkhalme, Plastikbesteck und -teller. Alles Produkte, die im Alltag sichtbar Plastikmüll verursachen und die mehr oder weniger direkt mit Nahrungsmitteln assoziiert werden. Zusammen mit Fischerei-Equipment, das im Meer verloren geht oder zurückgelassen wird, machen diese Einweg-Plastikartikel circa 70 Prozent aller Abfälle in den Ozeanen aus (Europäisches Parlament 2018).

Der Großteil der im Meer gefundenen Abfälle stammt nicht aus Europa, sondern vor allem aus asiatischen Ländern. Aber: Deutschland produziert so viel Verpackungsmüll wie kein anderes Land in der EU. Als Gründe nennt das Umweltbundesamt u.a. aufwendige Dosierhilfen und Verschlüsse, kleinere Portionen für Single-Haushalte, den steigenden Online-Versandhandel und den „To go"-Konsum, also Essen und Trinken aus Plastik-, Papp- und Styroporbehältnissen: 220,5 Kilogramm Verpackungsmüll pro Kopf waren es 2016 allein in Deutschland, davon knapp 25 Kilogramm Plastik (Umweltbundesamt 2018).

Die EU-Plastikstrategie

Die Ende März 2019 im EU-Parlament gebilligte Plastikstrategie soll dazu beitragen, diese Mengen drastisch zu reduzieren. Die neuen Vorschriften machen aber auch deutlich, wie komplex und damit schwierig die Transformation in eine Post- oder zumindest Less-Plastic-Ära ist. So sollen Produkte aus Einwegkunststoff bis spätestens 2021 vom Markt verschwinden. Hierzu zählen Wattestäbchen, Besteck, Teller, Strohhalme und Haltestäbe für Luftballons aus Plastik sowie Beutel und Verpackungen aus schnell fragmentierendem Kunststoff und Fast-Food-Behälter aus Styropor. Eine Einschränkung für dieses Verbot gibt es: Es müssen erschwingliche Alternativen zur Verfügung stehen. Der Verbrauch von Plastikartikeln, die momentan nur schwer ersetzbar sind, soll durch entsprechende Maßnahmen in den einzelnen EU-Ländern

BEST PRACTICE

Tesco und New World
Plastikfreie Supermärkte

Flächendeckend kunststoff-freie Supermärkte sind aktuell noch eine Zukunftsvision. Doch inzwischen testen bereits weltweit Supermärkte, wie ihre Kunden auf ein Sortiment ohne Plastik reagieren. Tesco, Großbritanniens größter Einzelhändler, startete im März 2019 einen Pilotversuch in zwei seiner Extra-Märkte in Watford und Swindon: 45 Artikel, die bislang verpackt waren, werden nun lose angeboten. Wenn die Reaktionen der Kunden positiv sind, plant Tesco die plastikfreien Angebote auch in anderen Stores. Zusätzlich will der Retailer bis 2025 nur noch recycelbare Verpackungen einsetzen. Die neuseeländische New World-Supermarktkette verfolgt ein ähnliches Projekt unter dem Titel „Food in the nude" („nacktes Essen"). Dabei verzichten seit 2018 einige Läden komplett auf Plastik in den Obst- und Gemüseabteilungen. Die Kunden sind mehrheitlich begeistert.
tesco.com; newworld.co.nz

BEST PRACTICE

Garçon Wines
Doppelt nachhaltige Weinflaschen

Das britische Unternehmen Garçon Wines geht das Verpackungsproblem gleich zweifach an: Das Start-up verkauft Wein in Flaschen, die erstens aus 100 Prozent recycelten PET-Flaschen bestehen und zweitens flach statt rund sind. So können die Flaschen viel platz- und damit materialsparender verpackt werden. In den eigens entwickelten Boxen finden zehn flache statt nur vier konventionelle Flaschen Platz. Gleichzeitig sind die Flaschen viel leichter als herkömmliche Varianten. Damit sinken naturgemäß auch die CO_2-Emissionen und Transportkosten. Eine kluge, nachhaltige Idee, bei der man sich fragt, wieso eigentlich noch niemand darauf gekommen ist.
garconwines.com

eingedämmt werden. Als Verursacher müssen Hersteller die Kosten für die Abfallbewirtschaftung, Reinigung der Umwelt und Sensibilisierungsmaßnahmen decken. Zudem werden Hersteller von Zigaretten (mit Filtern aus Kunststoff), feuchten Reinigungstüchern, Hygieneeinlagen und Plastikbechern verpflichtet, über die negativen Umweltauswirkungen zu informieren, die durch das Wegwerfen ihrer Produkte entstehen. Plastikflaschen sollen separat gesammelt, Einweg-Plastikflaschen wiederverwertbar werden und bis 2025 zu mindestens 25 Prozent aus recyceltem Material bestehen (Europäisches Parlament 2019).

Foto: Garçon Wines

Hygiene braucht Plastik, oder?

Eine Konsumwelt ohne synthetische Kunststoffe scheint aktuell vor allem daran zu scheitern, dass der Handel bei vielen Produkten aus logistischen und hygienischen Gründen nicht auf Plastik verzichten kann und will. Und daran, dass sich Konsumenten beim Einkauf so stark an die vom Handel offerierten Kunststoffgebinde gewöhnt haben, dass nur wenige den Komfort verlieren wollen, den diese Verpackungen bieten.

Diese Dissonanz zwischen Hygiene-, Haltbarkeits- und Sicherheitsanforderungen sowie Komfort auf der einen und den gewünschten ökologischen Aspekten auf der anderen Seite macht deutlich, dass das Plastikproblem insbesondere bei Lebensmitteln nicht so leicht zu lösen ist. Dazu kommen noch weitere Anforderungen, die mit konsequenter Nachhaltigkeit nur schwer unter einen Hut zu bringen sind: Das betrifft etwa die Kennzeichnung – paradoxerweise vor allem für Bioprodukte –, die in Supermärkten praktisch nur durch entsprechende Angaben auf der Verpackung angebracht werden kann.

Auch Convenience-Produkte, insbesondere Pre-Cut-Vegetables, Salate und Salatmischungen sowie frisches Obst und Gemüse, die uns eine gesündere Ernährung erleichtern sollen, werden durchweg in Plastikbehältern und -folien verpackt und – um den Bedürfnissen von Single-Haushalten entgegenzukommen – auch in immer kleineren Portionen angeboten. So fanden von 2011 bis 2016 30 Prozent mehr Kunststoffverpackungen den Weg in die Supermärkte. Der Naturschutzbund Deutschland schätzt, dass allein bei frischem Obst und Gemüse pro Jahr 93.000 Tonnen Verpackungsmüll anfallen (Naturschutzbund Deutschland 2017).

Das Plastik-Paradox: Je natürlicher Lebensmittel verarbeitet werden, desto aufwendiger müssen sie verpackt werden.

Das Plastik-Paradox

Innovationen der Verpackungsindustrie kreisten zuletzt vor allem darum, die Convenience-Tauglichkeit zu optimieren sowie Haltbarkeit und Frische zu verlängern. Forschung und Entwicklung fokussierten dabei insbesondere auf sogenannte intelligente Verpackungen (IOSP), die in der Lage sind, den Zustand von Lebensmitteln oder ihrer Umgebung (z.B. Temperatur) zu überwachen, sowie auf „aktive" Verpackungen (AP). Diese sollen die Qualität und Haltbarkeit von Lebensmitteln verbessern: etwa antioxidative und antimikrobielle Verpackungen sowie solche, die Feuchtigkeit, Gerüche und Kohlendioxid absorbieren oder emittieren.

Solche Innovationen spielen – so ein weiteres Plastik-Paradox – vor allem bei verarbeiteten Produkten eine große Rolle. Hier möchten Hersteller weitgehend auf Zusatzstoffe verzichten, die Lebensmittel länger haltbar machen sollen. Aber: Je weniger Zusatzstoffe enthalten sind, desto mehr und aufwendigere, mehrschichtige (Plastik-)Verpackungen werden nötig, um die Haltbarkeit des Produkts zu garantieren. Und genau diese Verpackungen lassen sich aufgrund ihrer „aktiven" und „intelligenten" Materialmischungen besonders schlecht recyceln – oder stellen bei der Mülltrennung zu hohe Anforderungen an die Konsumenten. Denn unterschiedliche Materialien (das gilt auch und vor allem für alternative Kunststoffe) lassen sich nicht gemeinsam recyceln.

Die Entwicklung alternativer, nicht auf fossilen Rohstoffen basierender Kunststoffe, die als vollständig recycelbare Verpackungsmaterialien genutzt werden können, stand lange nicht auf der Agenda globaler Kunststoff- und Konsumgüterunternehmen. Das zukunftsfähige Feld wurde weitgehend Start-ups, universitären Forschungseinrichtungen und Industriedesignern überlassen. Diese entwickelten zwar spannende Lösungen, die aber aus finanziellen, technischen sowie logistischen Gründen abseits von Nischenmärkten bislang kaum umgesetzt werden.

Die Big Player schlossen sich erst Anfang 2019 zusammen: in der „Alliance to End Plastic Waste", kurz AEPW. Zu den Gründungsmitgliedern zählen mit Ausnahme von Henkel und Procter & Gamble vor allem Chemiefirmen, die angesichts der Anti-Plastik-Vorstöße der Politik um ihr Kerngeschäft fürchten. Nicht mit dabei ist der Lebensmittelkonzern Nestlé. Das Schweizer Unternehmen setzt auf seine eigene „umfassende Vision für eine abfallfreie Zukunft" (Nestlé 2019) und fokussiert daher vor allem auf kompostierbare Wasserflaschen.

Umweltschützer sind freilich skeptisch, ob Initiativen wie die AEPW nicht nur „Greenwashing" sind, sprich: Unternehmen verkünden grüne, nachhaltige Projekte, die am Ende eher gehaltlose Werbung statt eine echte Veränderung sind. Eine Befürchtung, die mit Blick auf die erste Anti-Plastik-Bewegung in den 1970er Jahren nicht ganz unberechtigt scheint. Damals nahm sich die Industrie mit ihren nicht eingelösten Recycling-Versprechen letztlich selbst den Wind aus den Segeln.

BEST PRACTICE

Apeel Sciences
Essbare Schale statt Plastik

Das amerikanische Start-up Apeel Sciences geht mit seinem essbaren Schutzspray für Obst und Gemüse gleich zwei Probleme an: Diese zusätzliche Schale verlängert die Haltbarkeit der Produkte, indem sie Feuchtigkeitsabgabe und Sauerstoffaufnahme verhindert. Das reduziert die Oxidation und verlängert die Haltbarkeit unter anderem von Paprika, Bananen, Tomaten, Grünen Bohnen und Co. deutlich. Gleichzeitig wird das geschmacksneutrale, kalorienarme Coating aus Abfallprodukten wie Obstresten hergestellt. Die Idee findet in der Industrie reichlich Anklang, inzwischen unterstützen diverse Investoren das junge Unternehmen. Erste Produkte, etwa beschichtete Avocados, sind in US-Supermärkten erhältlich.
apeelsciences.com

Foto: Apeel Sciences

Der überforderte Konsument

Die größte Baustelle in der Lebensmittelindustrie und im Handel ist die Verpackung. Produzenten und Retailer haben die Verantwortung bislang vor allem den Konsumenten zugeschoben. Diesen mangelt es aber längst nicht mehr an Bewusstsein. Hingegen mangelt es an fehlenden alternativen Lösungen, die es ihnen leichter machen, auch im stressigen Alltag ihren Werten entsprechend zu leben. Und dazu gehört in steigendem Maße auch ein umweltbewusstes Handeln. Verbraucher wissen, dass sie selbst viel dazu beitragen könnten, die Mengen an Plastikmüll einzudämmen. Laien sind aber meist nicht in der Lage, die verschiedenen Kunststoffe – auch mangels ausreichender, verständlicher Information – zu unterscheiden und schon beim Einkauf jene Verpackungen zu wählen, die einfach zu recyceln oder zu kompostieren sind.

Da die Mehrheit der Konsumenten auch in Zukunft nicht aus chemisch versierten Kunststoffexperten bestehen wird, sind vor allem Produzenten und der Handel gefordert, neue Wege zu gehen: Bei der Materialwahl und beim Einsatz von Verpackungen, bei der Etablierung von Pfandsystemen auch bei Einwegverpackungen und bei alltagstauglichen Lösungen für den Einkauf mit Mehrwegbehältnissen.

Marken, die klar und glaubwürdig kommunizieren können, dass die Verpackungen ihrer Produkte einfach zu recyceln oder zu 100 Prozent kompostierbar sind, werden in Zukunft das Vertrauen der immer umweltbewussteren Verbraucher gewinnen. Supermärkte, die proaktiv überzeugende Lösungen auch bei unverpackt angebotenen Lebensmitteln offerieren, können auch Konsumenten, die bislang die im Alltag zweifellos komfortablen Plastikverpackungen vorziehen, überzeugen oder mit Pfandsystemen nachdrückliche Anreize schaffen, umweltfreundliche Verpackungen zu wählen.

Wer ist schuld am Plastikmüll im Meer?

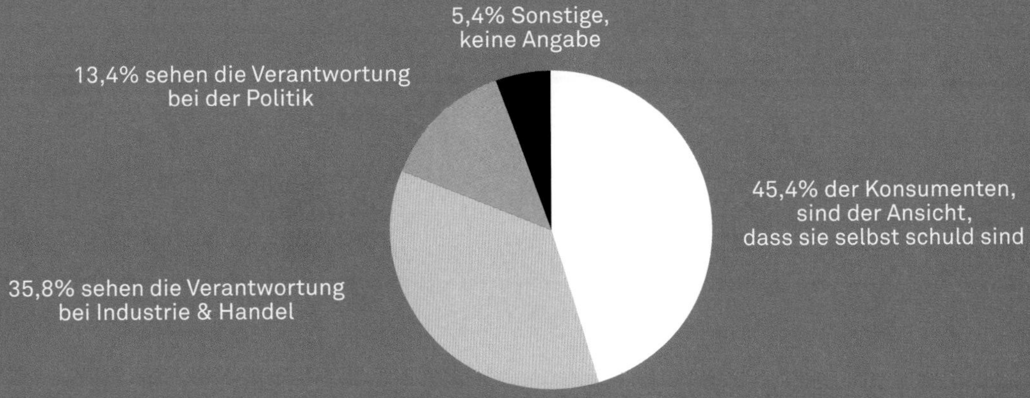

Was sollen Industrie, Handel & Politik im Kampf gegen Verpackungsmüll tun?

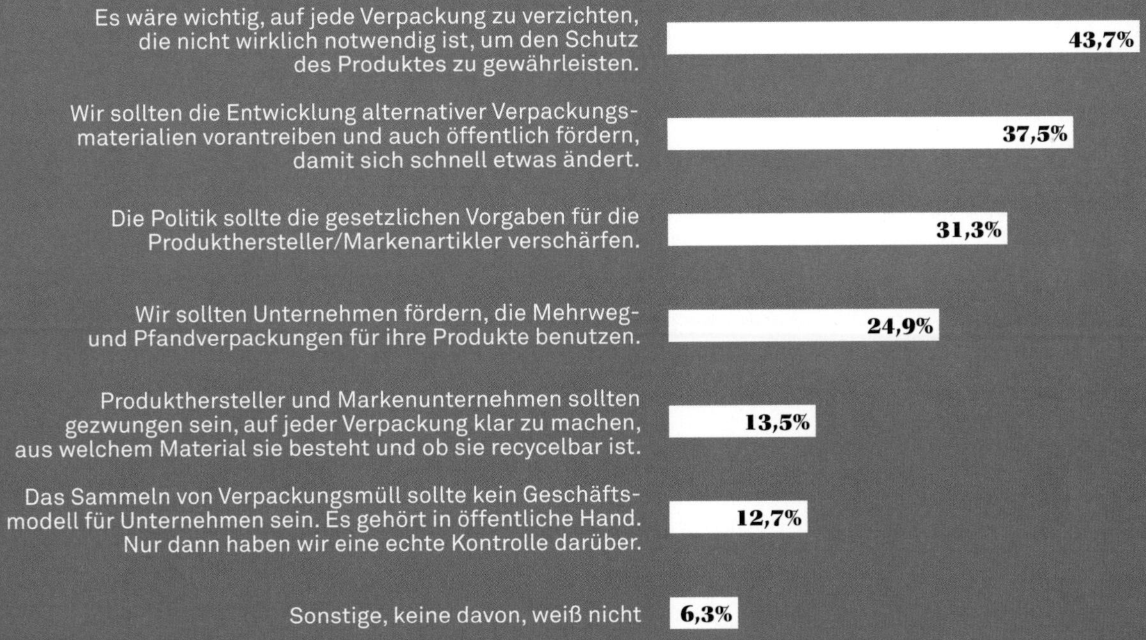

Quelle: Deutsches Verpackungsinstitut e. V. 2019

Das große Informationsdefizit

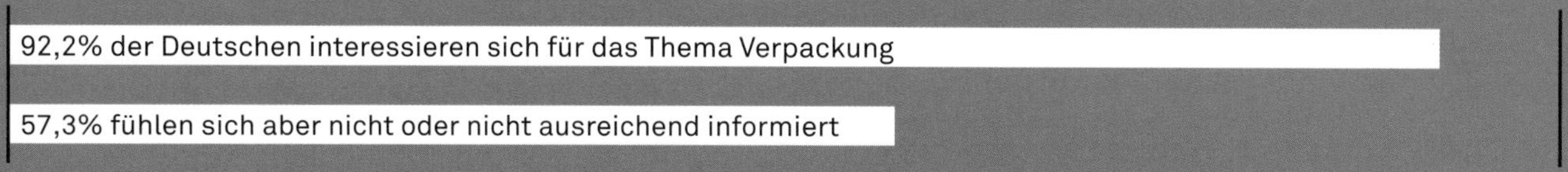

Quelle: Deutsches Verpackungsinstitut e. V. 2018

Von wem erwarten die Konsumenten bessere Informationen zu wichtigen Aspekten einer Verpackung?

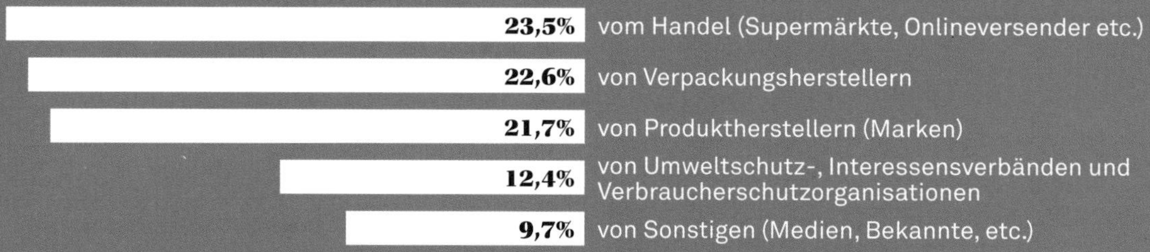

Quelle: Deutsches Verpackungsinstitut e. V. 2018

Bevorzugte Verpackungsart …

… bei Obst und Gemüse

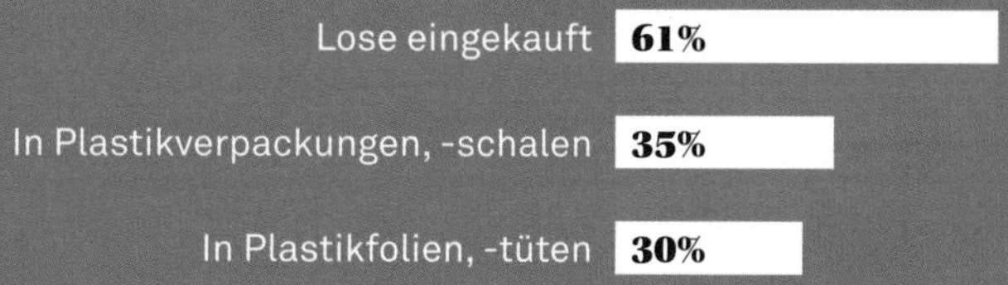

… bei Käse

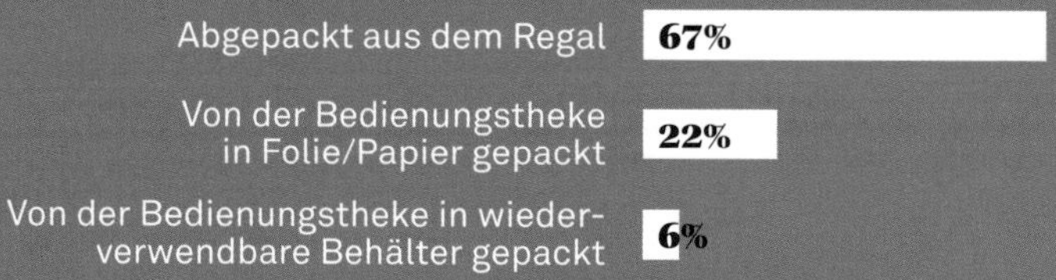

Mehrfachnennungen möglich

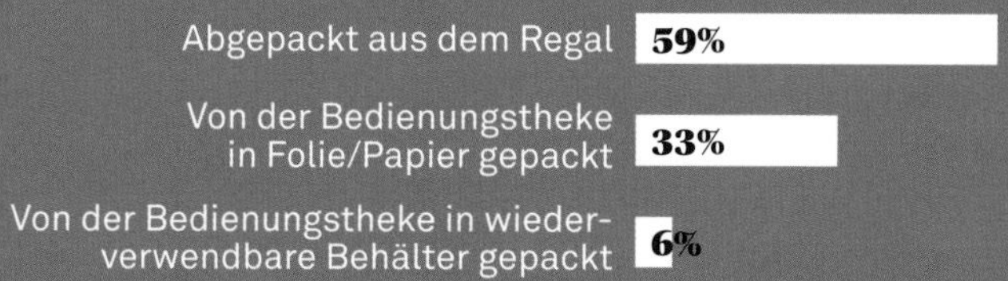

Quelle: Ipsos 2018

… bei Wurst und Fleischwaren

Einkaufen mit Mehrwegboxen

Bereitschaft, mit Mehrwegboxen einzukaufen

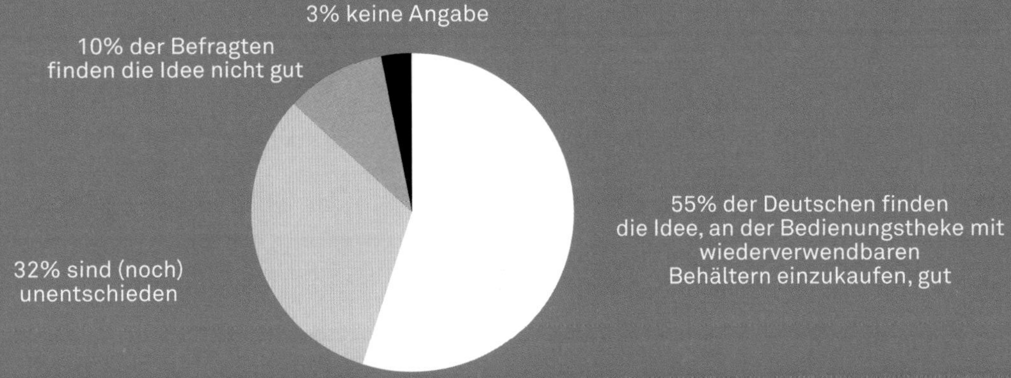

Quelle: Ipsos 2018

Gründe für die Skepsis bzw. Ablehnung dieser Form des Einkaufs

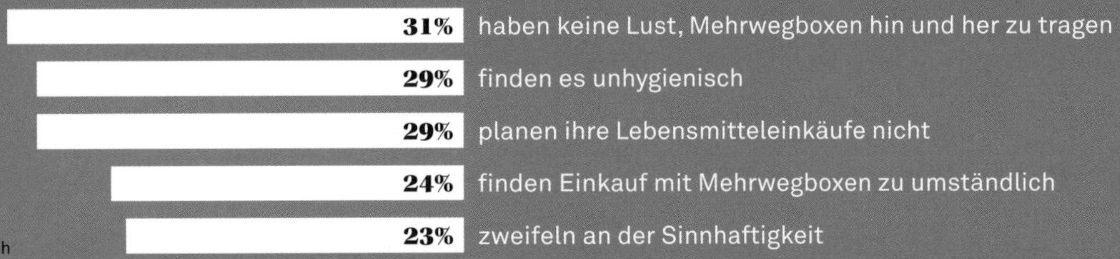

Mehrfachnennungen möglich

Quelle: Ipsos 2018

Tatsächliche Verwendung von Mehrwegboxen beim Einkauf

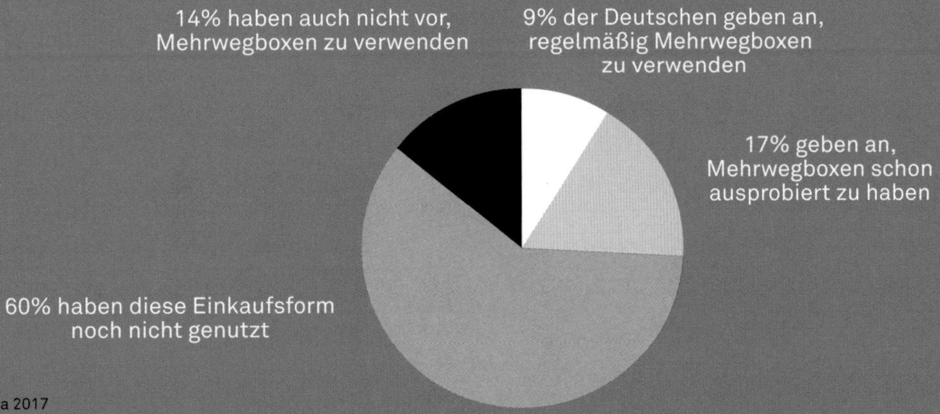

Quelle: Statista 2017

Grünes „Plastik" braucht grüne Konsumenten

Das Problem der ambitionierten Recycling-Vorschläge ist auch heute noch, dass Kunststoff, der auf fossilen Rohstoffen basiert, eines der am schlechtesten recycelbaren Materialien ist. Glas, Stahl und Aluminium können sehr oft eingeschmolzen und umgeformt werden, um neue Produkte gleicher Qualität herzustellen. Aber praktisch alle „fossilen Kunststoffe" sind in recycelter Form – mit Ausnahme von PET-Flaschen – auf Basis geltender Sicherheitsregelungen nicht mehr als Lebensmittelverpackungen geeignet, da sie dann Mischungen aus verschiedenen Kunststoffen darstellen.

Auch auf den ersten Blick gut klingende Alternativen haben ihre Tücken. Derzeit gibt es noch für die wenigsten biologisch abbaubaren bzw. auf biologischen Ausgangsmaterialien basierenden Kunststoffe ausreichende Lebenszyklusanalysen: Die Umweltauswirkungen von der Rohstoffgewinnung bis zur sogenannten End-of-Life-Phase und ihre teilweise unbeabsichtigten Wirkungen auf die darin verpackten Lebensmittel wurden bisher kaum untersucht.

Tatsächlich machte die weltweite Produktion von Bio-Kunststoffen vor fünf Jahren nur ein Prozent der gesamten Plastikproduktion aus. Bis 2020 soll – so die Prognose des Food & Biobased Research Instituts in Wageningen – der Anteil von Bio-Kunststoffen weltweit auf magere 2,5 Prozent steigen (van den Oever et al. 2017). Aber selbst wenn ein Kunststoff biologisch abbaubar ist, sagt das noch nichts über die Zeitdauer aus, die für den Abbau notwendig ist. Auch die Mülltrennung wird schwieriger, da biologisch abbaubare Kunststoffe von Konsumenten – auch wegen uneinheitlicher Labels und Zertifizierungssysteme – derzeit nicht leicht von traditionellen zu unterscheiden sind.

Mehr Klarheit darüber, welche Teile von Lebensmittelverpackungen überhaupt recycelt werden können, würde Konsumenten aber ermöglichen, sie sinnvoll zu trennen. Allerdings erfordert dies auch neue, alltagstaugliche Infrastrukturen, um die im Haushalt getrennten Materialien entsprechend entsorgen zu können. Hier sind in Zukunft nicht nur Kommunen, sondern vor allem der Handel gefordert, praktische Lösungen anzubieten.

Dass Verpackungen umweltverträglich sind, mehrfach genutzt und für mehrere Zwecke eingesetzt werden können, werden in Zukunft entscheidende Kauffaktoren sein. Allerdings dürfen „grüne" Verpackungen die Lebensmittelpreise nicht unverhältnismäßig in die Höhe treiben und die wahrgenommene Produktqualität muss erhalten bleiben (Scheferling 2015). Unterstützend werden in Zukunft zudem Systeme sein, die das Recyclingverhalten der Konsumenten fördern. So können beispielsweise in Istanbul leere Flaschen gegen Gutschriften auf der Istanbulkart, einem Ticket für die öffentlichen Verkehrsmittel, eingetauscht werden, und in Leeds erhalten Autofahrer für jede Flasche, die sie im CitiPark-Parkhaus abgeben, einen Gutschein über 20 Pence.

Warum nicht plastikfrei einkaufen?

Ambitionierte, meist kleine Lebensmittelhändler setzen angesichts der geringen und derzeit auch noch teuren Verpackungsalternativen auf den Verkauf unverpackter Lebensmittel. Konsumenten müssen dabei ihre eigenen Behältnisse mitbringen oder vor Ort erwerben. Sie haben damit aber auch die Möglichkeit, stets nur jene Menge zu kaufen, die sie tatsächlich brauchen. So vermeiden sie nicht nur Verpackungsmüll, sondern sparen sich auch die komplizierte Mülltrennung und reduzieren in der Praxis meist auch eine Menge Food Waste.

Größere Supermärkte, die ihren umweltbewussten Konsumenten entgegenkommen und ihr Image aufwerten wollen, wie etwa die niederländische Bio-Kette Ekoplaza, richten als Zwischenlösung spezielle „plastikfreie" Gänge und Zonen ein, in denen nur lose oder mit Kunststoffen auf Zellulosebasis verpackte Lebensmittel angeboten werden. Kunden, die plastikfrei einkaufen wollen, müssen so nicht jede Verpackung einzeln kontrollieren. Und Marken, die in Zukunft auch in diesen Zonen präsent sein wollen, sind somit gezwungen, neue, plastikfreie Verpackungslösungen zu finden.

Foto: Loop

BEST PRACTICE

Loop
Zero Waste Online-Shopping

Der Online-Lebensmitteleinkauf erhöht derzeit den Einsatz von Einwegverpackungen enorm. Die Plattform Loop des Recycling-Unternehmens Terracycle bietet bald eine sinnvolle Alternative: Über den Online-Shop können Markenprodukte zahlreicher Hersteller, u.a. von Häagen-Dazs oder Hellmann's, online bestellt werden, die in von Loop zur Verfügung gestellten, wiederverwendbaren Behältern geliefert und nach Verwendung wieder abgeholt, hygienisch gereinigt und erneut befüllt werden. Kosten sollen die Produkte genauso viel wie in den herkömmlichen Behältern. Der Hin- und Rücktransport erfolgt in speziellen Kühltaschen und macht Karton- und Styropor-Kisten sowie Kühlelemente überflüssig. Eine smarte Innovation für den boomenden Lebensmitteleinkauf im Netz. Loop startete im Mai 2019 in den USA und Frankreich. *loopstore.com*

Bei der Suche nach alternativen Materialien gilt es jedoch zu beachten, dass sie nicht neue Probleme mit sich bringen: etwa mangelnde Lebensmittelsicherheit, Hygieneprobleme oder die Gefährdung der Ernährungssicherheit. Auch mögliche Preisanstiege von Grundnahrungsmitteln durch den Rückgriff auf pflanzliche Ausgangsprodukte für alternative Verpackungsmaterialien müssen im Blick behalten werden: zum Beispiel bei Maniok, einem Hauptnahrungsmittel in vielen Ländern Afrikas, das sich theoretisch gut als Rohstoff für alternative Kunststoffe eignet.

BEST PRACTICE

Pacovis
Kompostierbare Beutel und Folien

Das Schweizer Unternehmen Pacovis produziert nicht nur ein großes Sortiment an natürlichem, zu 100 Prozent biologisch abbaubarem Geschirr, sondern bringt nun auch aus Pflanzenölen und pflanzlicher Stärke hergestellte Beutel- und Folienlösungen auf den Markt. Sie können die zahlreichen im Einzelhandel und im Haushalt verwendeten Plastik-Pendants ersetzen, als Grünabfallbeutel genutzt und in der Biotonne entsorgt werden. Die Produkte sind plastikfrei und werden entweder aus Agrar-Reststoffen oder aus schnell nachwachsenden pflanzlichen Rohstoffen hergestellt. Gleichzeitig setzt das Unternehmen auf sozial-ethische und ökologische Standards – ein rundum nachhaltiges Konzept.
pacovis.ch

BEST PRACTICE

Compostella
Papier statt Plastikfolie

Das Unternehmen Compostella aus Hessen produziert ein reines Zellulosepapier, das 2018 mit dem Bundespreis für Ecodesign ausgezeichnet wurde. Das „1 für 4-Papier" ist kompostierbar und durch eine mechanische Behandlung fettdicht, hitzebeständig und für den direkten Kontakt mit Lebensmitteln geeignet. Es ersetzt Alu- und Einschlagfolien sowie silikonisiertes Backpapier. Last but not least dient es auch als Frischhaltefolie: Indem man es unter Wasser hält, lässt es sich leicht formen und als Papierfolie über die abzudeckenden Speisen spannen. Die Idee für ein Verpackungspapier, das sich kompostieren und somit zurück in den Kreislauf bringen lässt, trieb den Geschäftsführer Arnold Schleier schon seit den 1980er Jahren an, als er noch in einer Papierfabrik arbeitete. Außerdem finden sich im Sortiment von Compostella Bio-Kunststoff-Beutel auf Maisstärkebasis, die die dünnen Plastiktüten in den Obst- und Gemüseabteilungen der Supermärkte ersetzen können, und ein Klebeband – natürlich kompostierbar.
compostella-online.de

Foto: Compostella

BEST PRACTICE

RECUP
Pfandsystem für Coffee-to-go

Das Münchner Start-up RECUP möchte nichts Geringeres als ein „flächendeckendes und einheitliches Coffee-to-go-Pfandsystem für ganz Deutschland" schaffen. Mit inzwischen 2.000 Standorten ist das im Herbst 2016 gegründete Unternehmen auf dem besten Weg dorthin – im Januar startete gar ein Pilotprojekt in der südafrikanischen Stadt Durban. Die Lösung mit Mehrwegbecher ist denkbar einfach – vorausgesetzt, Kaffeeanbieter und Kaffeetrinker machen mit. Gäste zahlen einen Euro Pfand und können den Becher bei der nächsten Coffee-to-go-Bestellung gegen einen frischen tauschen oder erhalten bei Abgabe den gezahlten Betrag zurück. Dabei kann der Becher bei allen RECUP-Partnern zurückgegeben werden. Die aus Polypropylen bestehenden Becher sind spülmaschinengeeignet, in drei Größen und mit Mehrwegdeckel erhältlich. Neben kleineren Cafés und Bäckereien, die zu den ersten Kunden gehörten, bieten nun auch Unternehmen wie VW in Wolfsburg, Dat Backhus und die Biosupermärkte Alnatura, basic und Bio Company den RECUP an.
recup.de

Foto: RECUP

Biokunststoffe

Der Begriff Biokunststoff ist sehr weit gefasst. Zudem gibt es noch keine einheitliche Definition dafür. Alle Produkte, die entweder einen erneuerbaren Anteil besitzen, also aus nachwachsenden Rohstoffen bestehen (Biobased Plastic), oder biologisch abbaubar sind, können als Biokunststoff bezeichnet werden (Biogradable Plastic). Aus diesem Grund gibt es viele verschiedene Arten von Biokunststoffen mit unterschiedlichen Eigenschaften und Zusammensetzungen. Noch 2015 machte die weltweite Produktion von Biokunststoffen insgesamt nur ein Prozent der gesamten Kunststoffproduktion aus. Durch den Einstieg großer Unternehmen wie BASF in die Entwicklung von Bioplastik könnte der Anteil bis 2020 auf 2,5 Prozent steigen. Das Müllproblem lässt sich damit aber derzeit kaum lösen. Zumal es – aufgrund der geringen Menge an Bioplastik – in der Praxis kaum möglich ist, dieses getrennt von fossilem Plastik gezielt zu entsorgen oder zu recyceln. Der zukünftige Erfolg von Biokunststoffen hängt vor allem von zwei Faktoren ab: Neue Produkte müssen vergleichbar funktionelle Materialeigenschaften aufweisen und dürfen in der Herstellung nicht wesentlich teurer sein.

Kategorisierung von konventionellen und Biokunststoffen und ihre primären Anwendungsformen bei Lebensmitteln

Nachwachsende Rohstoffe

basieren auf nachwachsenden Rohstoffen und sind abbaubar

PA (Polyamid [Nylon])
→ *Tragetaschen*

PLA (Polymilchsäure)
→ *Folien, Becher, Schalen*

PHB (Polyhydroxybuttersäure)
→ *Folien, Tragetüten, Schalen, Besteck*

abbaubar

PET (Polyethylenterephthalat)
→ *Flaschen, Schalen, Folien*

PS (Polystyrol)
→ *Becher, Besteck (aufgeschäumt als Styropor: Schalen, Becher)*

PP (Polypropylen)
→ *Becher, Folien, Kochbeutel, Flaschenverschlüsse*

PE (Polyethylen)
→ *Tragetaschen, Folien, Müllsäcke, Getränkekisten, Gefrierbeutel, Becher*

Bio-Flex®
→ *Folien, Tragetaschen, Müllsäcke, Schalen, Tragenetze*

ecoflex®
→ *Folien*

Ecovid
→ *Müllsäcke, Kaffeekapseln*

Bioplast®
→ *Folien, Becher, Tragetüten*

sind biologisch abbaubar

Petrochemische Rohstoffe

Quelle: NaKu, futurefoodstudio, Maschinenbau-Wissen.de

BEST PRACTICE

NaKu
Nachwachsendes Sackerl

„Sackerl" ist das österreichische Wort für Tüte. Und das Nana-Sackerl des Unternehmens NaKu (kurz für: Naturkunststoff) wird nicht nur aus nachwachsenden Rohstoffen hergestellt. Aus ihm wächst auch, wenn man es kompostiert, wieder neuer, essbarer Rohstoff nach: nämlich frisches Gemüse und Obst. Denn auf den Nana-Sackerln ist ein (biologisch abbaubarer) Sticker angebracht, unter dem sich kleine Samen verbergen. Steckt man die nicht mehr gebrauchte Tüte zum Kompostieren in die Erde oder legt den Samen-Sticker mit etwas Erde bedeckt in einen Blumentopf, beginnen die Samen zu keimen und bald zu Pflänzchen heranzuwachsen. So können sich später Auberginen, Tomaten oder Birnen ernten lassen. Nana dient vor allem als originelle Visitenkarte für das Unternehmen, das sich mit der Entwicklung natürlicher Kunststoffe und der Evaluierung von bislang nicht verwendeten Rohstoffen beschäftigt.
naku.at

Foto: NaKu – Aus natürlichem Kunststoff

BEST PRACTICE

Peel Saver
Fries in a cone

Derzeit nur als Prototyp vorhanden, aber trotzdem höchst zukunftsfähig: die nachhaltige Frittentüte. Bei der Herstellung von Pommes Frites fallen Unmengen an Kartoffelschalen an. Auch diese eignen sich wie andere pflanzliche Abfallprodukte dafür, zu Verpackungen verarbeitet zu werden, dachten sich die italienischen Designstudierenden Simone Caronni, Pietro Gaeli und Paolo Stefano Gentile. Kartoffelschalen bestehen aus Stärke- und Faserkomponenten, die sich verbinden und verhärten lassen. Daraus können Cones geformt werden, die sich passenderweise als Behältnisse für Pommes-on-the-go eignen. Die Fritten werden somit in der gleichen „Schale" serviert, in der sich die Kartoffel ursprünglich befand. Nach der Verwendung kann die Verpackung wieder in den biologischen Kreislauf zurückgeführt werden, um als Tiernahrung oder Düngemittel für Pflanzen zu dienen.
behance.net/gallery/69674825/ Peel-Saver-ecological-fries-packaging

Foto: Simone Caronni, Pietro Gaeli, Paolo Stefano Gentile

Foto: MIWA

BEST PRACTICE

MIWA

Precycling statt Recycling

Komplexe Probleme erfordern komplexe Lösungen. Davon ist das tschechische Start-up MIWA (kurz für „Minimum Waste“) überzeugt. Das MIWA-System soll das Verpackungsproblem entlang der ganzen Lieferkette vom Produzenten bis zum Konsumenten lösen und Abfall (fast) gar nicht entstehen lassen – Precycling statt Recycling also. Es verbindet das Unverpackt-Konzept mit neuen Technologien und stellt damit eine Vision für den Supermarkt von morgen vor. Basis des Konzepts sind wiederverwendbare Behältnisse für die Konsumenten und modulare, automatisch zu steuernde Lagereinheiten für lose Ware in den Supermärkten, die auch das Filialmanagement erleichtern. Der Kunde bestellt an einem zentralen Display im Shop oder per App die exakt gewünschte Menge, die Befüllung der Behältnisse erfolgt automatisch. Und damit auch zuvor kein Verpackungsmüll anfällt, sieht das System wiederverwendbare Container vor, in denen die losen Produkte vom Hersteller zum Händler bzw. in die In-Store-Module geliefert werden.
miwa.eu

Fazit
BEYOND PLASTIC

Müllvermeidung, alternative Kunststoffe und das Denken in Materialkreisläufen werden zu den wichtigsten Herausforderungen für Lebensmittelproduzenten, Handel und Konsumenten.

Innovationen bei Lebensmittelverpackungssystemen werden dazu beitragen, den sich wandelnden Bedürfnissen des Marktes gerecht zu werden.

Foto: veeterzy, pexels.com

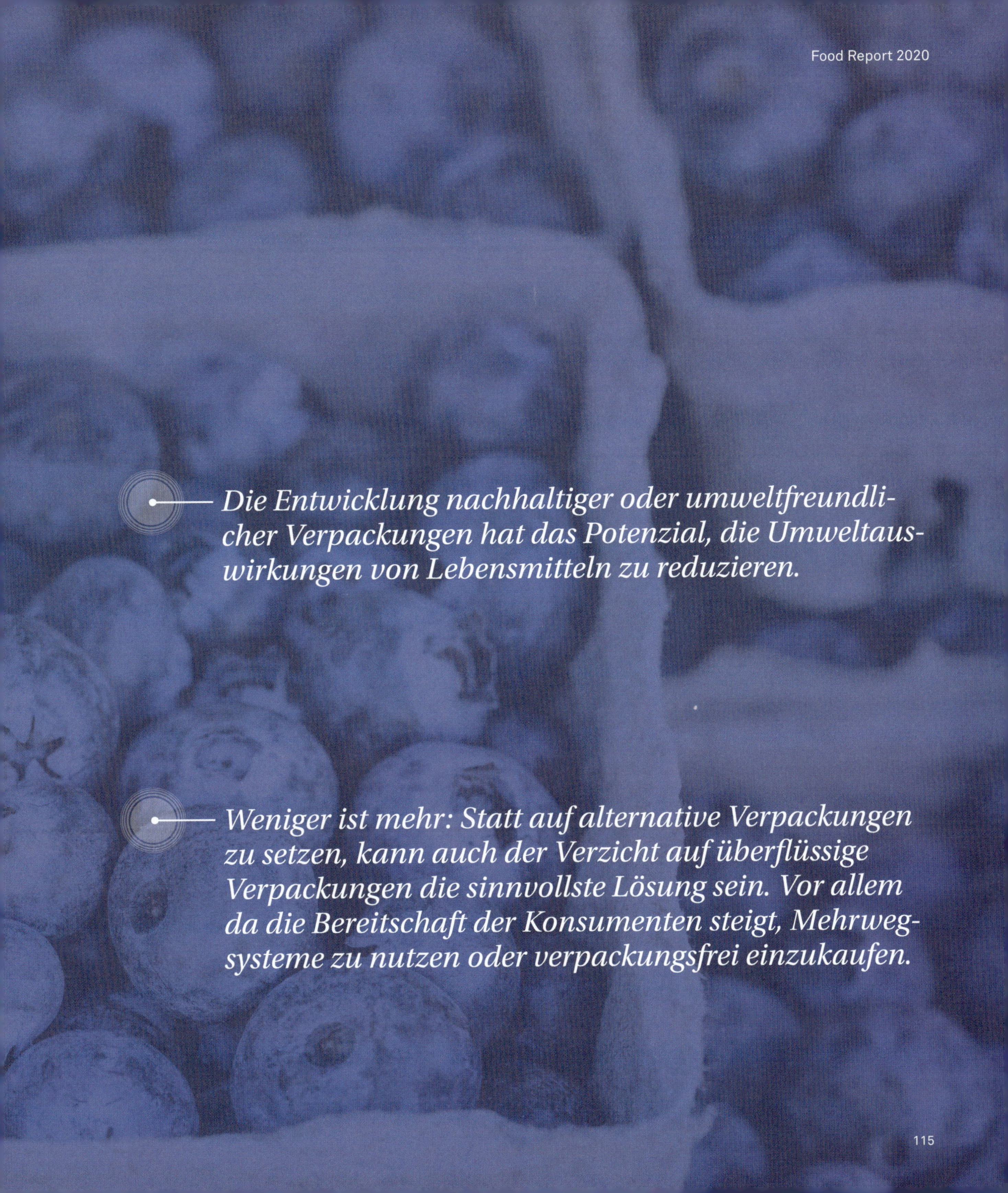

Die Entwicklung nachhaltiger oder umweltfreundlicher Verpackungen hat das Potenzial, die Umweltauswirkungen von Lebensmitteln zu reduzieren.

Weniger ist mehr: Statt auf alternative Verpackungen zu setzen, kann auch der Verzicht auf überflüssige Verpackungen die sinnvollste Lösung sein. Vor allem da die Bereitschaft der Konsumenten steigt, Mehrwegsysteme zu nutzen oder verpackungsfrei einzukaufen.

ALLE THEMEN UND TRENDS DER FOOD REPORTS IM ÜBERBLICK

2014

Was heißt Ernährung heute? Was wollen Konsumenten essen, kaufen, glauben? Der erste Food Report bietet einen umfangreichen Überblick über aktuelle Konsumtrends und Branchenentwicklungen.

2015

Nachdem Hanni Rützler die Ehre hatte, im Sommer 2013 den ersten In-Vitro-Burger zu verkosten, wirft sie im Food Report 2015 einen Blick auf die Zukunft der Fleisch-Alternativen.

2016

Essen ist das neue Pop! Immer mehr Menschen nutzen Food als Stilmittel und definieren sich über ihre Ernährung. Kaum verwunderlich, dass dabei die Küche zur neuen Bühne wird.

2017

Was wäre, wenn? Hanni Rützler beleuchtet die großen und kleinen Visionen der Food-Branche – inklusive der steilen Karriere der Algen, die als nährstoffreiche Lebensmittel immer beliebter werden.

Food-Trends

- Curated Food
- Flexitarier
- Küchenchefs
- Sensual Food
- New Gardening
- Re-use Food

- Hybrid Food
- Soft Health
- DIY Food
- Food Pairing

- Infinite Food
- Spiritual Food
- Fast Good

- New Flavoring
- Convenience 3.0
- Brutal Lokal
- Beyond Food

Branchen-Insights

Gastro
- Wie Food-Trends die Gastronomie verändern

Retail
- Der 24/7-Konsument und die neuen Einkaufslandschaften

Gastro
- Gastroveggies
- Cocina Novoandina
- Die neue alpine Küche

Gastro
- The New Classic
- Even more special

Retail
- Wie die Renaissance der Märkte den Lebensmittelhandel revolutioniert

Gastro
- Californication
- Essthetik

Themenschwerpunkte

Health
- Die neue Rolle, die Genießen für unsere Gesundheit spielt

Consumer
- Die neue Macht der Konsumenten
- Food Information Design

Fleisch
- Szenarien für die Zukunft

Küche
- Die Küche als multifunktionaler und vernetzter Lebensmittelpunkt

Food Visions
- Von Science-Fiction zu Science-Faction

Meer und Mehr
- Die Zukunft unserer Ernährung liegt im Wasser

2018

Der neue Star des Food Reports 2018 ist das Gemüse! Dazu trägt auch die wachsende Beliebtheit der Levante-Küche bei, in der Gemüse schon immer eine Hauptrolle gespielt hat.

- Meet Food
- Female Connoisseurs
- The New Breakfast

Gastro
- Shalom Europe, Salam Germany – Die neue Küche der Levante

De-Processing
- Der neue Spin in der Lebensmittelindustrie

Gemüse
- Das Ende der Beilage – Die neue Rolle der Pflanzen

2019

Der Food Report 2019 feiert die Renaissance der französischen Küche! Zudem wandeln sich Kantinen von Essstationen zu Genusstempeln.

- Plant Based Food
- Transparency
- Healthy Hedonism

Gastro
- The New French – Die Renaissance der französischen Küche

Retail
- Retailution – Von der Einkaufsunordnung zur optimalen Esslösung

Kantine
- Nouvelle Cantine – Die Zukunft der Betriebsrestaurants

2020

Das Ende der Mahlzeiten, wie wir sie kennen, steht bevor. Hanni Rützler eröffnet im Food Report 2020 den Blick auf den Wandel unserer Esskultur.

- Food-Trends in Transition

Gastro
- Snackification – Das Ende der Mahlzeiten (wie wir sie kennen)

Eating Art
- Wie Kunst und Design den Blick auf unser Essen verändern

Urban Food
- Die Zukunft unserer Nahrungsmittelversorgung liegt in der Stadt

Beyond Plastic
- Die Zukunft der Lebensmittelverpackung

Weitere Informationen unter **onlineshop.zukunftsinstitut.de/food-reports**

QUELLENVERZEICHNIS

Bookatable GmbH & Co. KG (2019): Food-Trends 2019: Burger, Bowls und Ramen. In: bookatable.com, 18.1.2019

Buranyi, Stephen (2018): The plastic backlash: what's behind our sudden rage – and will it make a difference? In: theguardian.com, 13.11.2018

Döcker, Ulrike/Rützler, Hanni u.a. (1994): Fetter, Schwerer, Schneller, Mehr. Mythen und Fakten vom Essen und Trinken. Wien

EHI Retail Institute (Hg.) (2018): Handelsgastronomie in Deutschland 2018. Herausforderungen, Erfolgsfaktoren, Konzepte und Trends. Köln

Europäisches Parlament (2018): Plastik im Meer: Fakten, Auswirkungen und neue EU-Regeln. In: europarl.europa.eu, 12.10.2018

Europäisches Parlament (2019): Wegwerfprodukte aus Plastik: Parlament stimmt für Verbot ab 2021. In: europarl.europa.eu, 27.3.2019

GfK (2015): Was wird aus unserem Mittagessen? Consumer Index Total Grocery 05/2015. In: gfk.com, 05/2015

Kharas, Homi/Hamel, Kristofer (2018): A global tipping point: Half the world is now middle class or wealthier. In: brookings.edu, 27.9.2018

Mauss, Marcel (1968): Die Gabe. Form und Funktion des Austausches in archaischen Gesellschaften. Frankfurt am Main

Naturschutzbund Deutschland (2017): Vorverpackungen bei Obst und Gemüse. Zahlen und Fakten 2010 bis 2016. Aktualisierte Auflage 2017. In: nabu.de, 12.2017

Nestlé Deutschland AG (2019): Nestlé beschleunigt Maßnahmen zur Bekämpfung von Plastikmüll. In: nestle.de, 15.1.2019

Rützler, Hanni/Reiter, Wolfgang (2015): Muss denn Essen Sünde sein? Orientierung im Dschungel der Ernährungsideologien. Wien

Scheferling, Sonja (2015): Verbraucher wollen umweltfreundliche Verpackungen. In: umweltdialog.de, 4.12.2015

Schmidt, Volker H. (2012): Durchbruch der globalen Moderne. In: blog.soziologie.de, 12.9.2012

Schmidt, Volker H. (2013): Globale Moderne. Skizze eines Konzeptualisierungsversuchs. In: Willems, Ulrich/ Pollack, Detlef u.a. (Hg.) (2013): Moderne und Religion. Kontroversen um Modernität und Säkularisierung. Bielefeld

Schröder, Thomas (2016): Ernährungstrends im Kontext von Individualisierung und Identität. In: Haushalt in Bildung und Forschung, 3/2016, S. 127–136.

Umweltbundesamt (2015): Weltweit gehen jährlich 10 Millionen Hektar Ackerfläche verloren. In: umweltbundesamt.de, 3.12.2015

Umweltbundesamt (2018): Verpackungsverbrauch in Deutschland weiterhin sehr hoch. In: umweltbundesamt.de, 25.7.2018

United Nations (2018): 2018 Revision of World Urbanization Prospects. In: population.un.org, 2018

United Nations Environment Programme (2018): Exploring the potential for adopting alternative materials to reduce marine plastic litter. In: unenvironment.org, 05.2018

Van den Oever, Martien et al. (2017): Bio-based and biodegradable plastics – Facts and Figures. In: library.wur.nl, 04.2017

Vicari, Jakob (2018): Es gibt keinen Toast auf Hawaii. In: Brand eins, 11/2018

Zukunftsinstitut/Lebensmittel Zeitung (Hg.) (2013): Hanni Rützlers Food Report 2014. Frankfurt am Main

Zukunftsinstitut/Lebensmittel Zeitung (Hg.) (2014): Hanni Rützlers Food Report 2015. Frankfurt am Main

Zukunftsinstitut/Lebensmittel Zeitung (Hg.) (2015): Hanni Rützlers Food Report 2016. Frankfurt am Main

Zukunftsinstitut/Lebensmittel Zeitung (Hg.) (2016): Hanni Rützlers Food Report 2017. Frankfurt am Main

Zukunftsinstitut/Lebensmittel Zeitung (Hg.) (2017): Hanni Rützlers Food Report 2018. Frankfurt am Main

Zukunftsinstitut/Lebensmittel Zeitung (Hg.) (2018): Hanni Rützlers Food Report 2019. Frankfurt am Main

Zukunftsinstitut (Hg.) (2018a): Megatrend-Dokumentation. Frankfurt am Main

Zukunftsinstitut (Hg.) (2018b): Futopolis – Stadt, Land, Zukunft. Frankfurt am Main

IMPRESSUM

Herausgeber
Zukunftsinstitut GmbH
Kaiserstr. 53, 60329 Frankfurt
Tel. + 49 69 26 48 489-0, Fax: -20
info@zukunftsinstitut.de

Eine Publikation in Kooperation mit der Lebensmittel Zeitung, foodservice und gv-praxis.

Ansprechpartner
Tessa Winter, Zukunftsinstitut
Tel. +49 69 26 48 489-21, Fax: -20
info@zukunftsinstitut.de

Hilke Waas, Lebensmittel Zeitung
Tel. +49 69 75 95-19 57, Fax: -19 50
waas@lebensmittelzeitung.net

Autoren
Hanni Rützler, Wolfgang Reiter

Redaktionelle Mitarbeit
Kim Naike Bussian, Friederike Horn, Luisa Pacozzi, Viktoria Siegismund, Sarah Wygowski

Projektleitung
Janine Seitz

Lektorat
Franz Mayer

Gestaltung und Infografik
Benedikt Eisenhardt

Cover-Bild
iStock

ISBN 978-3-945647-60-8

zukunftsInstitut

Das **Zukunftsinstitut** wurde 1998 gegründet und hat die Trend- und Zukunftsforschung in Deutschland von Anfang an maßgeblich geprägt. Heute gilt es als international führender Ansprechpartner bei Fragen zur Entwicklung von Wirtschaft und Gesellschaft.

Das Unternehmen geht in seiner Arbeit der Frage nach, welche Veränderungen – welche Trends und Megatrends – unsere Gegenwart prägen und welche Rückschlüsse sich daraus für die Zukunft von Wirtschaft und Gesellschaft ziehen lassen. Oberstes Ziel ist es, den Wandel begreifbar zu machen und Zukunft als Chance zu verstehen.

Kooperationspartner

Lebensmittel Zeitung

Die **Lebensmittel Zeitung** ist die führende Fach- und Wirtschaftszeitung der Konsumgüterbranche in Deutschland.

Die **LZ Medien** umfassen neben dem Print Portfolio u. a.: **LZ Digital,** den News Channel der Lebensmittel Zeitung, das POS-Medium **Lebensmittel Zeitung direkt, LZ Events und Kongresse, LZ Retailytics,** die Analyseplattform für den europäischen Lebensmittelhandel sowie die Supermarkt-App **LZ Storefinder.**

Gastronomische Fachmedien der dfv Mediengruppe

foodservice

Das Fachmagazin **foodservice** analysiert den gesamten Markt der professionellen Gastronomie in Deutschland, Österreich und der Schweiz.

gv-praxis

Als Wirtschaftsfachzeitschrift für die professionelle Gemeinschaftsgastronomie bietet **gv-praxis** im deutschsprachigen Raum einen umfassenden Überblick der Teilmärkte Business, Care und Education.

Das Portfolio der gastronomischen Fachmedien beinhaltet außerdem die Website **FOOD SERVICE,** das Online-Portal für den Außer-Haus-Markt, sowie verschiedene Branchenevents und Fachtagungen.